Niccolò

Erstes Wissen

Mensch und Technik

Erstes Wissen

Mensch und Technik

Sachgeschichten
für Kinder

Ravensburger Buchverlag

Bibliografische Information
Der Deutschen Bibliothek

Die Deutsche Bibliothek verzeichnet
diese Publikation in der Deutschen
Nationalbibliografie; detaillierte
bibliografische Daten sind im Internet
über **http://dnb.ddb.de** abrufbar.

Die Schreibweise entspricht den
Regeln der neuen Rechtschreibung.

2 3 05 04 03

Wir danken Josef Guggenmos für die
Abdruckgenehmigung des Gedichts
„Wie war das vor tausend Jahren?"
(Seite 38)
und © James Krüss, 2001,
„Der wohltemperierte Leierkasten",
erschienen im C. Bertelsmann
Jugendbuch Verlag,
ein Unternehmen der Verlagsgruppe
Random House (Seite 8)
Texte: Patricia Mennen
Illustrationen: Wim Euverman (Autos
und Lastwagen); Milada Krautmann
(Bei der Feuerwehr, Mein Fahrrad,
Unser Körper, Auf einer Ritterburg)
Redaktion: Sabine Zürn
Umschlaggestaltung: Dirk Lieb
Printed in Germany
ISBN 3-473-35762-6

www.ravensburger.de

Inhalt

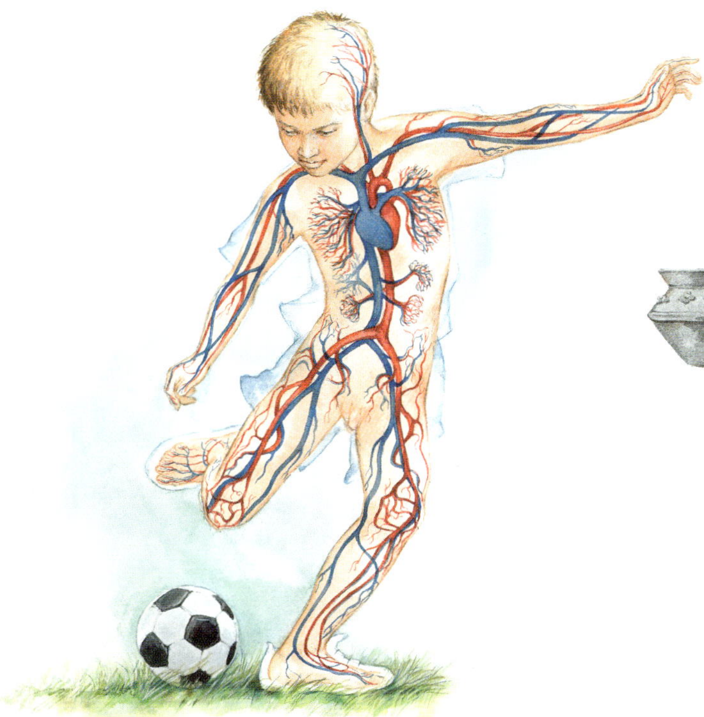

Bei der Feuerwehr

Hörst du, wie die Flammen flüstern,
knicken, knacken, krachen, knistern,
wie das Feuer rauscht und saust,
brodelt, brutzelt, brennt und braust?

Siehst du, wie die Flammen lecken,
züngeln und die Zunge blecken,
wie das Feuer tanzt und zuckt,
trockne Hölzer schlingt und schluckt?

Riechst du, wie die Flammen rauchen,
brenzlig, brutzlig, brandig schmauchen,
wie das Feuer, rot und schwarz,
duftet, schmeckt nach Pech und Harz?

Kleiner wird die Feuersbraus:
Ein letztes Knistern,
ein feines Flüstern,
ein schwaches Züngeln,
ein dünnes Ringeln –
Aus.

Auszug aus „Das Feuer“ von James Krüss

Inhalt

Die Drehleiter kann bis zu 30 Meter Höhe ausgefahren werden.

Jetzt duschen sich die Feuerwehrleute erst mal und ziehen sich um!

Nach dem Einsatz müssen alle benutzten Geräte – auch dieser Pressluftatmer – überprüft und gereinigt werden.

Bei der Feuerwehr

„Schau mal, da vorn ist Robert“, ruft Sarah und läuft auf ihren Onkel zu. Ihr Bruder Fabian rennt hinterher. „Hallo ihr beiden, da seid ihr ja endlich“, begrüßt sie Robert. Er ist Zugführer bei der Berufsfeuerwehr und hat sich einen Tag frei genommen.

So können sich die Kinder in Ruhe auf der Wache umsehen. „Der erste Einsatz ist schon vorbei“, sagt Robert, „ein Scheunenbrand. Gerade ist der Löschzug zurückgekommen!“ Der Wagen mit der Drehleiter und der Notarztwagen fahren in den Hof. Die anderen Einsatzfahrzeuge stehen bereits in der Halle. „Na, Robert, sind das unsere neuen Kollegen?“, fragt Klaus. Und schon sehen Sarah und Fabian aus wie richtige Feuerwehrleute, denn Klaus hat sie mit seinen rußigen Fingern angemalt.

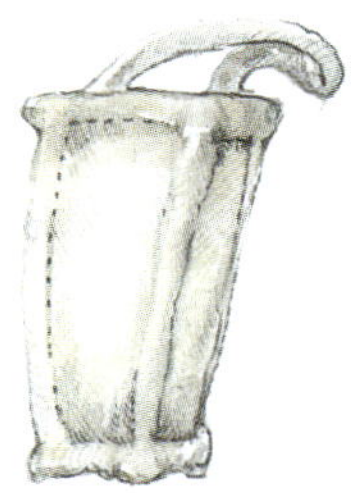

Früher bildeten die Menschen Eimerketten, um einen Brand zu löschen. Die Römer kannten auch schon Wasserspritzen.

Diese Handpumpen benutzte man um 1690. Sie wurden auf Kufen zu ihrem Einsatzort gezogen. Während vorher mit festen Röhren gelöscht wurde, setzte man nun Schlauchleitungen ein.

Eine Feuerwache ist mit einem Löschzug besetzt. Dieser besteht aus 22 Feuerwehrleuten, die in zwei Löschgruppen mit jeweils 9 Leuten eingeteilt sind, sowie dem Einsatzleiter, dem Zugführer und ihren beiden Meldern.

Erst seit dem letzten Jahrhundert setzt die Feuerwehr tragbare Leitern zur Menschenrettung ein.

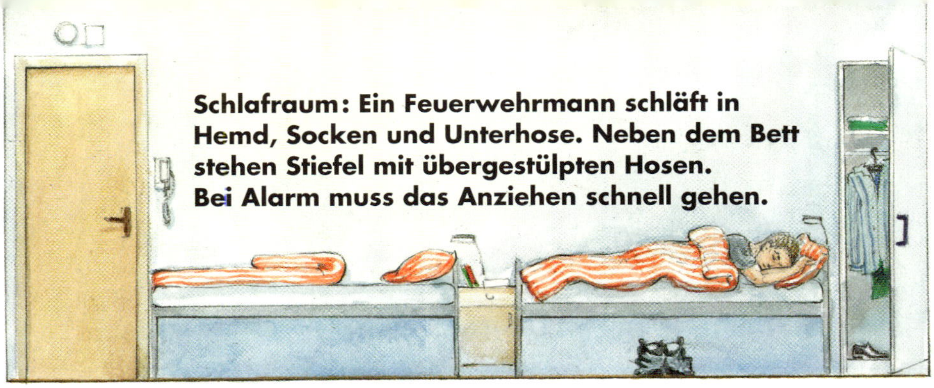

Schlafraum: Ein Feuerwehrmann schläft in Hemd, Socken und Unterhose. Neben dem Bett stehen Stiefel mit übergestülpten Hosen. Bei Alarm muss das Anziehen schnell gehen.

Von der Leitstelle aus wird alles geplant. Dienstpläne werden erstellt, die Zusammenarbeit mit den anderen Feuerwehrwachen geregelt und natürlich die Einsätze ausgelöst.

Während der Bereitschaftszeit sind die Feuerwehrleute oft im Aufenthaltsraum.

Im Essraum werden die gemeinsamen Mahlzeiten eingenommen.

In der Küche schauen Sarah und Fabian dem Koch über die Schulter.

Garderobe

Nach einem Einsatz wird geduscht und die Kleidung gewaschen. Jeder hat 6 Alltagsuniformen, 3 Mützen und 3 Paar Stiefel. Frische Kleidung und Ersatzschuhe werden im Kleiderraum aufbewahrt.

Alltag auf der Feuerwache

„Vielleicht denkt ihr bei der Feuerwehr nur ans Löschen, aber wir sind für viel mehr zuständig. Retten, Löschen, Schützen und Bergen sind die Hauptaufgaben“, erklärt Robert und geht mit Sarah und Fabian hinein. In der Wache wimmelt es nur so von Leuten.

Während des 24-Stunden-Dienstes sind bei Tag und bei Nacht Einsätze.

In jedem Raum gibt es ein Alarmlicht, einen Lautsprecher und ein Haustelefon.

24-Stunden-Dienst

7.30 Uhr:
Wacheinteilung mit Antreten: Die Männer stellen sich auf. Dann verteilt der Kommandant die Posten.

7.40 Uhr:
Überprüfen der Ausrüstung, der Fahrzeuge und der Funkgeräte

8.00 Uhr:
Beginn der Ausbildung: z. B. praktische Übungen an Fahrzeugen und Geräten oder Unterricht

9.00 Uhr:
Frühstückspause

9.30 Uhr:
Der Zugführer teilt seinen Leuten Aufgaben zu: z. B. Geräte reinigen und prüfen

12.00 Uhr:
Mittagessen

13.00 Uhr:
Aufgaben erledigen

16.30 Uhr:
Sport

17.30 Uhr:
Bereitschaft: Nun müssen sich die Männer in der Wache für den nächsten Einsatz bereit halten, dürfen aber ihre Zeit frei gestalten.

6.30 Uhr:
Wecken. Danach Zimmer reinigen, Betten machen und Ausrüstung wegräumen.

7.30 Uhr:
Dienstende

Ein Feuerwehrmann lernt nie aus. Im Schulungsraum wird neues Wissen vermittelt oder altes Wissen aufgefrischt.

Jeden Tag gehen die Feuerwehrleute in den Kraftraum, um sich fit zu halten.

Auch auf der Toilette muss man in Alarmbereitschaft sein.

Nach dem Alarm muss alles schnell gehen. Die Feuerwehrleute rutschen die Stangen hinunter, weil das schneller geht als die Treppen hinunterzurennen. Jeder weiß, in welches Fahrzeug und auf welchen Platz er gehört. Die Fahrer erhalten von der Leitstelle schriftliche Befehle mit einer genauen Wegbeschreibung zum Einsatzort. Bei kleineren Einsätzen sind einzelne Feuerwehrautos unterwegs, bei größeren rückt der ganze Löschzug aus.

Zuerst fährt der Einsatzleitwagen los, dann das Löschfahrzeug, die Drehleiter, der Tanklöschwagen und der Rüstwagen. Im Löschfahrzeug sitzt eine Löschgruppe. Sie besteht aus Gruppenführer, Maschinist, Melder und je zwei Mann Angriffstrupp, Schlauchtrupp und Wassertrupp.

Alarm!

Die Alarmglocke schrillt. Aus den Lautsprechern tönt eine Stimme: „Verkehrsunfall in der Kaiserstraße 88." Sarah hält sich die Ohren zu, während ein Feuerwehrmann nach dem anderen die Rutschstangen in die Fahrzeughalle hinuntersaust. Stiefel und Hosen haben sie bereits an. Unten schnappt sich jeder seine Jacke, seinen Helm, den Sicherheitsgurt mit Feuerwehrbeil und die Schutzhandschuhe. Noch ist keine Minute vergangen und schon sind der Löschzug und ein Rüstwagen unterwegs.

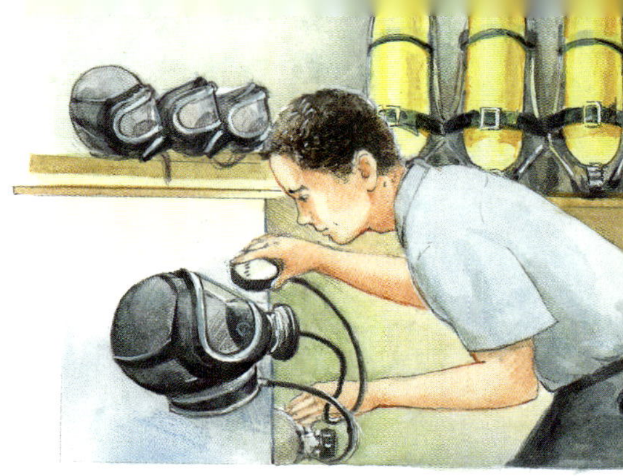

Mit dem Pressluftatmer kann man etwa 40 Minuten unabhängig von der Außenluft atmen. Nach jedem Einsatz wird das Gerät fachkundig überprüft und wieder befüllt.

Ist der Einsatz vorbei, wird genau aufgeschrieben, was passiert ist. Im Einsatzbericht steht wann, wo und wie viele Leute beim Einsatz waren, welche Geräte benutzt wurden und wie lange es dauerte.

Die Schläuche werden in der Schlauchwäscherei gereinigt und in einem Turm zum Trocknen aufgehängt. Danach werden sie auf Haspeln gewickelt oder doppelt gerollt – also einmal zusammengelegt und eingerollt.

Vom wendigen und schnellen Einsatzleitwagen aus werden die Einsätze geleitet. Dieser Wagen ist immer als Erster an der Unfallstelle.

Von innen sieht der Einsatzleitwagen aus wie ein Büro. Dort gibt es Karten, Telefon, Funk- und Faxgeräte, einen Computer, Gasmessgeräte und einen Strahlenschutz-Messkasten. Zur Ausrüstung gehören auch kleinere Geräte wie ein Bolzenschneider oder ein Feuerlöscher.

Diese Geräte kann man in einem Löschwagen finden. Manche sind in diesem Buch in Aktion zu sehen:

1 Standrohr für Unterflurhydranten
2 Elektrotauchpumpe
3 Schublade mit zwei Chemieschutzanzügen
4 Motortrennschleifer und Motorkettensäge
5 Hochleistungslüfter
6 Feuerwehraxt
7 Zwei Vorschlaghämmer
8 Drei Holzäxte
9 Verkehrsleitkegel
10 Tasche mit Rollgliss und Abseilgerät
11 Schlauchtragekorb
12 verpackter Leiterauftritt
13 Gummistiefel
14 Tasche mit Hitzeschutzanzügen
15 Bindestränge
16 verpackte Arbeitsleinen
17 Sprungretter
18 Verteiler
19 Strahlrohre
20 Rollschläuche
21 Steckdosen

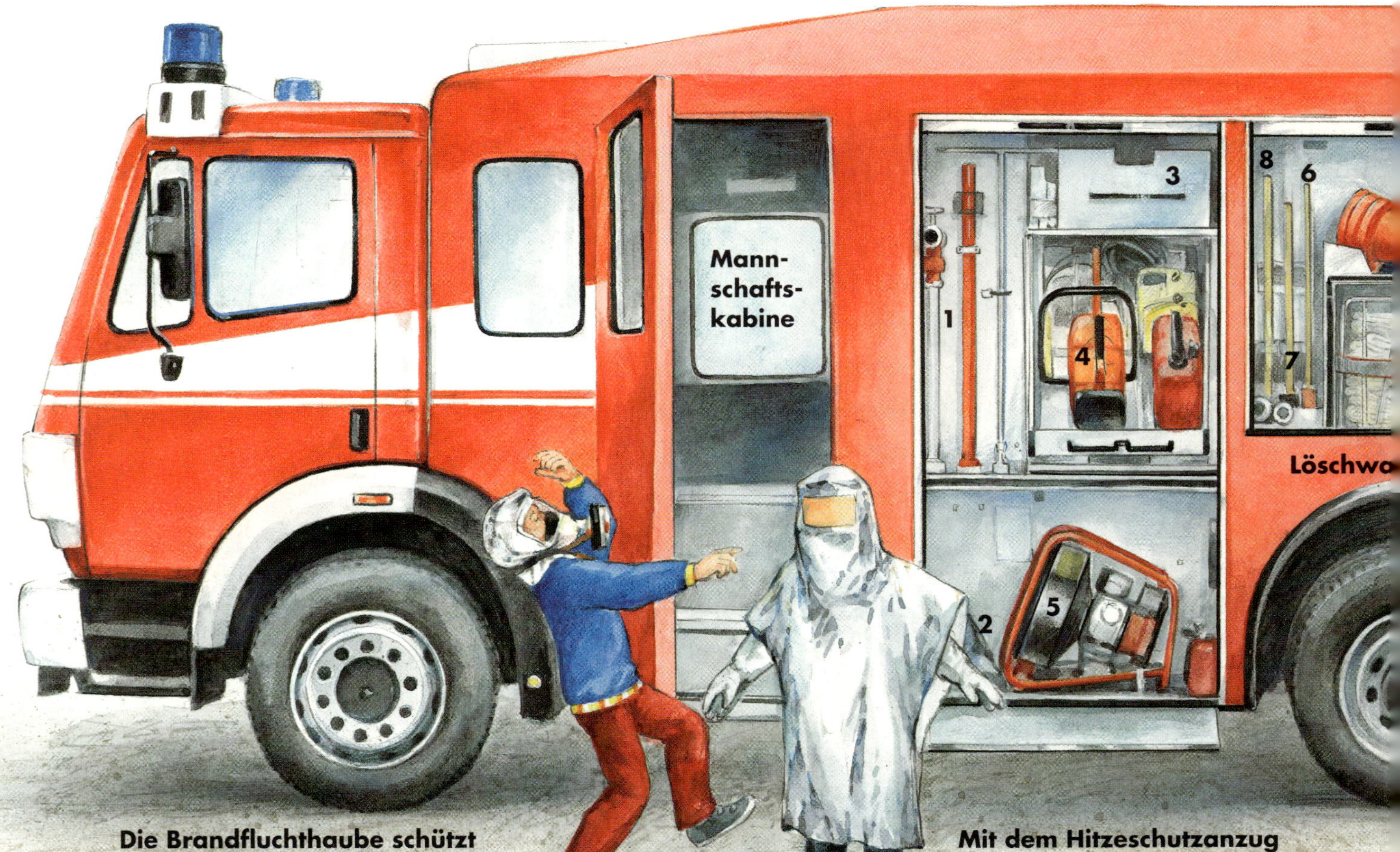

Die Brandfluchthaube schützt vor Rauch und gefährlichen Gasen.

Mit dem Hitzeschutzanzug kann man dicht ans Feuer herangehen.

Die Fahrzeughalle

Sarah und Fabian sehen sich in der Fahrzeughalle um. „Dürfen wir mal probieren?“, bettelt Fabian, als er die Hitzeschutzkleidung sieht. Wenig später tanzen die Kinder wie Marsmenschen verkleidet durch die Halle und bringen Robert zum Lachen.

Mit dieser Drehleiter kann man auch unter niedrigen Brücken durchfahren. Das Fahrzeug wird bei der Menschenrettung eingesetzt.

Ein Rüstwagen ist eine fahrende Werkstatt. Drei Mann Besatzung kümmern sich am Einsatzort um technische Probleme.

Mit Kranwagen kann man bei Unfällen auf der Straße sogar verunglückte Lastwagen wieder aufrichten.

Der Aufbau dieses Wechselladers kann ausgetauscht werden. Mal hat er ein Büro geladen, mal einen Spezialaufbau für Gefahrguteinsätze.

Diese Magnettafel zeigt die Einsatzfahrzeuge der verschiedenen Feuerwachen und der Freiwilligen Feuerwehr.

Feuerwache 1 muss ausrücken!

Wird ein Notfall gemeldet, leuchtet der Standort auf der großen Stadtkarte auf. So sieht man sofort, welche Feuerwache für dieses Gebiet zuständig ist.

In der Leitstelle

„Was passiert eigentlich, wenn jemand einen Notfall meldet?“, fragt Sarah. „Den nimmt mein Kollege hier in der Leitstelle entgegen“, antwortet Robert. „Immer wenn ein Lämpchen auf den Pulten aufleuchtet, kommt ein neuer Notfall herein. Während des Gesprächs werden alle wichtigen Informationen in den Computer eingetippt. Dieser löst Alarm aus und errechnet den kürzesten Weg zum Einsatzort. Er zeigt sogar an, welche Fahrzeuge für den Einsatz benötigt werden.“ – „Ach könnte ich nur einmal bei einem richtigen Einsatz dabei sein“, seufzt Fabian. „Das geht leider nicht“, sagt Robert. „Aber ein paar spannende Geschichten kann ich euch schon erzählen.“ Robert holt aus seinem Büro ein kleines Buch.

So verständigst du die Feuerwehr

In vielen Gebäuden gibt es Alarmknöpfe, die eine Verbindung zur Feuerwehr-Leitstelle haben. Du musst diesen im Notfall fest eindrücken.
Bist du außerhalb des Gebäudes, so geh zur nächsten Telefonzelle. Alle öffentlichen Fernsprecher haben einen Notruf, den du umsonst anrufen kannst. In Deutschland ist es die Nummer 112, in Österreich lautet sie 122 und in der Schweiz 118.

Im Einsatztagebuch werden die Einsätze in Kurzform eingetragen. Für die Einsatzart 220, den Brandeinsatz mit Menschenrettung, werden zwei Löschzüge benötigt.

Bleib ganz ruhig, nenne deinen Namen, sag, wo du bist und was passiert ist.

Bleib ruhig, wenn du das Haus nicht mehr verlassen kannst, zieh dich in einen nicht brennenden Raum zurück, schließ die Tür und mach dich am geschlossenen Fenster bemerkbar.

Der Stoß- oder Angriffstrupp einer Löschgruppe greift in der Regel als erster Trupp das Feuer an und rettet Menschen. Der Wassertrupp legt die Wasserversorgung und wird danach zum Angriffstrupp. Mit der Haspel lässt sich der Schlauch schnell entrollen. Der Schlauchtrupp verlegt die Angriffsleitungen für den Stoß- und Wassertrupp und wird dann zum dritten Angriffstrupp.

Innerhalb von 30 Sekunden ist der Sprungretter aufgebaut.

Neben Rauchvergiftungen kommen auch Brandverletzungen oft vor.

Brandeinsatz mit Menschenrettung

Robert liest vor: „Wohnungsbrand in Olgastraße 3. Aus einem Fenster im 1. Obergeschoss dringt dunkler Rauch. „C-Rohr, schwerer Atemschutz“, befehle ich als Zugführer dem Melder, dann renne ich ins Treppenhaus, um die Lage zu erkunden. Eine Frau versucht verzweifelt in die brennende Wohnung zu gelangen. „Meine Tochter ist da drinnen“, schreit sie. Schon kommt der Stoßtrupp mit Pressluftatmern und einem Strahlrohr. Die Männer dringen in die Wohnung ein und retten das Mädchen. Zum Glück hatte es keine schwere Rauchvergiftung, denn es hatte sich auf den Boden gelegt.“

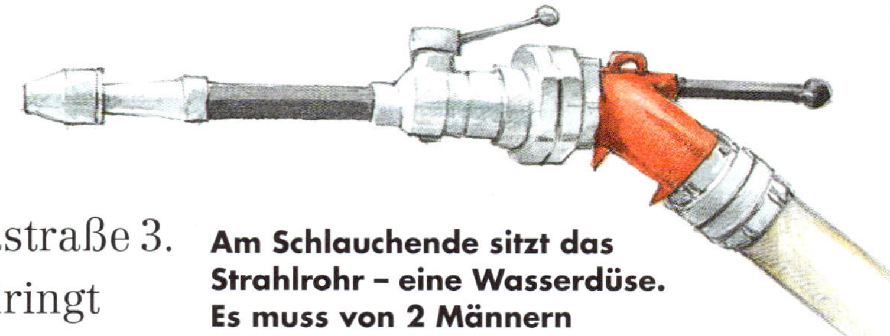

Am Schlauchende sitzt das Strahlrohr – eine Wasserdüse. Es muss von 2 Männern gehalten werden. Bis zu 800 Liter Wasser pro Minute können ausströmen.

Leitkegel zur Verkehrssicherung

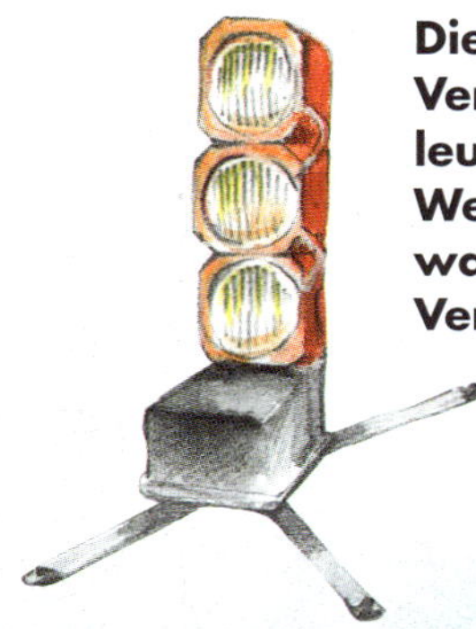

Die Lichter dieser Verkehrssicherheitsleuchte blitzen im Wechsel auf und warnen so die Verkehrsteilnehmer.

Der Fahrer der Drehleiter fährt zuerst die Stützen aus, damit der Wagen sicher steht.

Hydranten sind Wasseranschlüsse für die Schläuche.

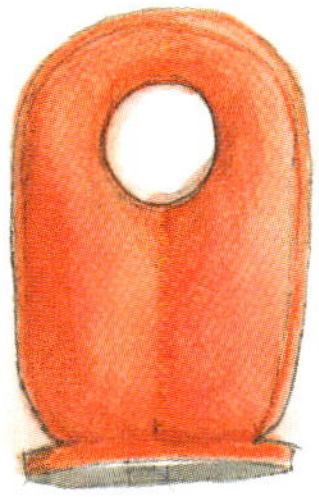

Alle Feuerwehrleute tragen Schwimmwesten bei Überschwemmungen.

Eigentlich hatte ich dienstfrei. Aber es regnete schon seit Tagen und der Wasserstand des Flusses stieg und stieg. Schließlich brach ein Deich am Flussufer und ein ganzes Dorf stand unter Wasser.
Man brauchte jeden Mann. Während der Deich mit Sandsäcken verstärkt wurde, stieg ich mit Kollegen in die Schlauchboote. Menschen und Vieh mussten gerettet werden.
Bei manchen Häusern stand das Wasser schon bis zum ersten Stockwerk. Die Bewohner hatten sich bereits in die oberen Stockwerke zurückgezogen, um dem Wasser zu entgehen.

Die Löcher in Deichen werden mit Sandsäcken, Grassoden und Pfählen abgedichtet.

Wasserschäden

„Mann, ist das spannend“, sagt Fabian. „Bitte erzähl weiter!“ – „Wisst ihr eigentlich, wie gefährlich Wasser dem Menschen werden kann?“, fragt Robert. „Nur etwa jeder dritte Einsatz ist ein Brandeinsatz.“

Mit der Tauchpumpe kann das Wasser bis auf wenige Millimeter Höhe abgepumpt werden.

Durch den Saugschlauch mit Sicherheitsleine wird das Wasser aus dem Raum gepumpt.

Mit dem Trocken-Nass-Sauger saugt man das Restwasser ab.

Die Plastikfolie schützt die Inneneinrichtung vor Spritzwasser.

Wasserrohrbruch bei „Spielzeug Lustig“ in der Frankfurter Straße 77. Der Verkaufsraum im Erdgeschoss steht unter Wasser. Niemand weiß, wo der Rohrbruch ist. Als Erstes wird das Ventil am Hauptwasserstrang zugedreht. Kurze Zeit später steigt der Wasserstand nicht mehr. Nun können die Feuerwehrleute mit dem Abpumpen beginnen. Das alte Rohr war an mehreren Stellen leck.

Um selbst nicht nass zu werden, ziehen sich die Feuerwehrleute Gummistiefel und Gummi-Latzhosen an.

Als Erstes sperrt man die Unfallstelle weiträumig ab. Die Menschen werden aus dem Gefahrenbereich gebracht. Mit Hebekissen und einer Seilwinde sichert man das Baufahrzeug und beginnt mit der Beseitigung der Ölspur. Dann erst wird das Fahrzeug mit dem Kran aufgerichtet.

Um zu verhindern, dass der Tank explodiert, wird der Kraftstoff mit der Gefahrgutpumpe abgesaugt.

Weil der Zement in der Trommel hart geworden ist, wird die Trommel mit dem Trennschleifer vom Fahrgestell getrennt. Sonst kann man die schwere Last nicht mit dem Kran anheben. Zwei Feuerwehrleute halten einen Spritzschlauch bereit, falls Schweißfunken einen Brand verursachen sollten.

Einsätze im Umweltschutz

Die Kinder können von Roberts Erzählungen nicht genug kriegen. „Für was ist eigentlich dieser Rüstwagen mit den Spezialgeräten gut?“, will Fabian wissen. „Der wird bei Gefahrguteinsätzen gebraucht“, antwortet Robert, „mal sehen, ob ich so einen Einsatz in meinem Buch finde. Ach ja, einmal wurden wir zu einem Unfall auf der B 70 gerufen. Ein Betonmischer war wegen überhöhter Geschwindigkeit aus der Kurve getragen worden und in den Straßengraben gekippt. Dem Fahrer war nicht viel passiert. Er konnte durch die rechte Fahrertür hinausklettern. Der Betonmischer hatte allerdings noch Zement in der Trommel, der mittlerweile hart geworden war ...“

Fabian möchte zu gern Feuerwehrmann sein!

Bei Giftmüllunfällen wird das Gelände weiträumig abgesperrt. Bevor das Gift beseitigt werden kann, muss es von einem Trupp in Schutzanzügen untersucht werden.

Öl oder Diesel wird auf einer Wasserfläche mit schlauchförmigen Ölsperren eingekreist. Dann versucht man das Öl mit Schaufeln abzutragen und in Fässern zu entsorgen – oder es wird mit dem Ölsanimat aufgesaugt.

Auf die Ölspur wird Ölbinder gestreut. Anschließend wird alles zusammengefegt und in Spezialbehältern entsorgt.

Die Feuerwehr hilft auch bei Sturmschäden, wenn zum Beispiel ein Baum auf ein Dach gestürzt ist. Von der Drehleiter aus sägen die Männer die Äste ab, bevor der Stamm mit einem Kran vom Dach gehoben wird.

Im Mai und Juni gibt es viele Bienenschwärme.
Manchmal hängen sie hoch oben in Bäumen oder an Dachrinnen.
Vorsichtig schaufelt der Feuerwehrmann die Bienentraube in die Schwarmkiste.

Besondere Rettungseinsätze

„Einmal war die Feuerwehr auch bei uns!", sagt Sarah. „Weißt du noch Fabian, wie Samson eine Katze verfolgt hat und dann in eine Baugrube gefallen ist? Mann, hat der kleine Hund gejault!" – „Zum Glück ist Samson nichts passiert", fährt Fabian fort, „die Grube war so tief, dass die Feuerwehr ihn mit Steckleitern retten musste! Seitdem macht Samson um jede Baugrube einen großen Bogen."

Sarah mit ihrem Hund Samson nach der gelungenen Rettungsaktion. Beide sind froh, dass nichts Schlimmes passiert ist.

Waldbrände werden oft aus der Luft gelöscht. Dieser Hubschrauber hat einen Löschbehälter, der 5000 Liter fasst. Zum Löschen werden Wasser oder chemische Löschmittel eingesetzt.

Löschboote haben mehrere Wendestrahlrohre, die genau auf den Brand gerichtet werden können. Das Löschwasser wird direkt aus dem Gewässer gepumpt.

Die Feuerwehr auf dem Wasser

Robert schließt sein Tagebuch und nimmt die Kinder mit in den Aufenthaltsraum. An der Wand hängt ein großes Poster. Es zeigt, wie ein Löschboot einen Holzlagerbrand im Hafen löscht. Sarah und Fabian staunen. „Ja“, erzählt Robert, „die Einsätze mit so einem Boot sind ganz schön aufregend. Ein brennendes Schiff kann zu glühen anfangen. Dann wird es wackelig und kentert. Außerdem breitet sich das Feuer dort nicht wie sonst von unten nach oben aus, sondern von oben nach unten. Das macht die Rettung von Vermissten besonders schwierig. Die Gänge sind außerdem sehr eng und der Rauch entwickelt sich sehr schnell.“

Ein Frachtschiff brennt. Das Löschboot versucht den Brand von außen zu löschen. Am Rand des Löschboots sind kleine Düsen, aus denen Wasser kommt. So wird verhindert, dass das Boot selbst in Brand gerät. Wenn zu viel Löschwasser in das brennende Schiff gelangt, kann es kentern. Dann muss das Löschwasser wieder abgepumpt werden. Über die lange Drehleiter gelangen die Feuerwehrleute ins Schiff. Zuerst retten sie Vermisste und suchen dann nach Brandherden im Innern des Frachters.

Ein Auto hat die Leitplanke durchbrochen und ist in den See gerast. Die Fahrerin konnte sich retten. Ein Kran soll das Auto nun aus dem Wasser ziehen. Das geht jedoch erst, wenn ein Taucher die Lage des Autos festgestellt hat. Dann legt er einen starken Gurt um das Auto. Manchmal müssen Feuerwehrtaucher auch nach Ertrunkenen suchen.

Wenn das Fahrgestell eines Flugzeugs vor der Landung nicht ausgefahren werden kann, wird mit dem Spritzschaumfahrzeug ein 1000 Meter langer Schaumteppich auf die Landebahn aufgebracht. So entstehen weniger Funken, wenn das Flugzeug aufsetzt, und die Brandgefahr ist geringer.

Auf Flughäfen fahren die größten und schnellsten Einsatzfahrzeuge der Feuerwehr. Bereits 15 Sekunden nach dem Alarm sind die Löschwagen unterwegs und erreichen in weniger als 3 Minuten jeden Winkel des Flughafens. Sie transportieren 11 000 Liter Wasser und 1000 Liter Schaummittel. Die 2 Löschkanonen kann man von der Fahrerkabine aus bedienen.

Die Löschkanone auf dem Dach spritzt 80 Meter weit!

Flughafenfeuerwehren

Sarah und Fabian haben an diesem Tag viel erlebt. Als sie abends von ihrer Tante Jana ins Bett gebracht werden, zieht Fabian noch ein Buch unter seiner Bettdecke hervor. Er hat es bei Robert im Bücherschrank gefunden. „Morgen gehen wir zur Flughafenfeuerwehr“, sagt Fabian und zeigt auf das aufgeschlagene Buch. „Da sehen wir dann, wie ein Flugzeug gelöscht wird, eine Landebahn für eine Notlandung geschäumt wird und die Leute von der Flughafenfeuerwehr einem Bombenalarm nachgehen.“
„Au ja“, sagt Sarah und reibt sich vor Müdigkeit die Augen. Tante Jana lächelt und löscht das Licht.

Ist ein Flugzeug notgelandet, kann man es mit solchen Hebekissen bergen. Kissen oder Notrutschen werden auch für die Bergung von Passagieren benutzt.

Ein Flugzeugbrand wird mit Schaum gelöscht. Die Flammen sollen erstickt werden, bevor sie den Tank erreichen.

Die Flughafenfeuerwehr kümmert sich auch um eine artgerechte Unterkunft für unrechtmäßig eingeführte Tiere. Sie wurden von Zollbeamten im Gepäck von Flugpassagieren entdeckt.

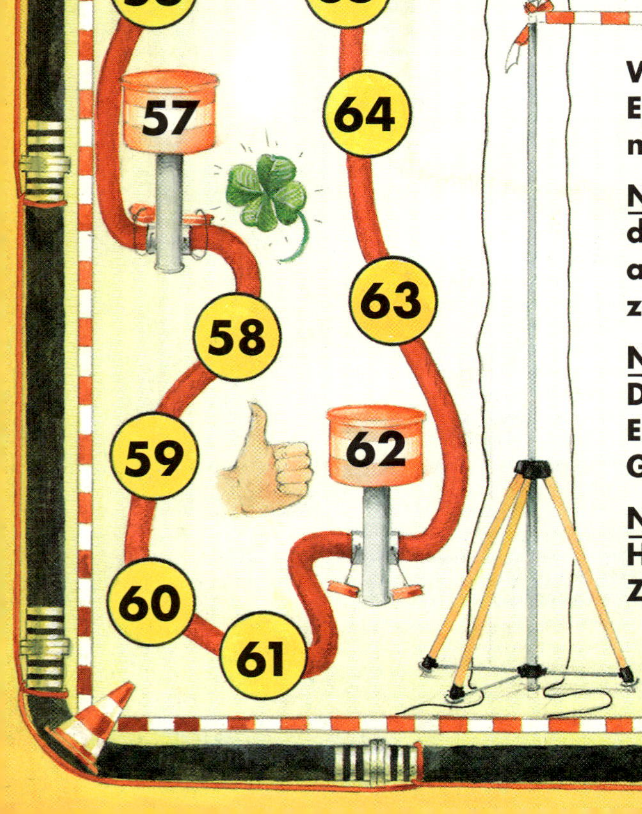

Wer auf eines der Ereignisfelder kommt, muss Folgendes tun:

Nr. 5: Gratuliere! Nach dem Alarmsignal bist du als Erster am Einsatzfahrzeug. Rücke 5 Felder vor!

Nr. 12: Schlafmütze! Du bist der Letzte beim Einsatzfahrzeug. Gehe drei Felder zurück.

Nr. 17: Du hast deinen Helm vergessen. Zurück zur Hauptwache!

Nr. 20: Umleitung wegen eines Brückenbaus. Einmal aussetzen.

Nr. 28: Nenne die vier Hauptaufgaben der Feuerwehr. Die Lösung findest du auch auf Seite 9. Ein Mitspieler soll dich abfragen. Kennst du sie? – Rücke 3 Felder vor. Wenn nicht, einmal aussetzen.

Nr. 37: Einsatzplan geändert: Du musst in der Nikolaistraße einen Wasserschaden beheben. Du darfst erst weiter, wenn du eine 2 oder 4 gewürfelt hast.

Wer löscht den Brand? –

Ein Spiel mit großem Einsatz

Spielanleitung:

Spiel für 2 bis 4 Mitspieler. Ihr braucht einen Würfel und für jeden Spieler eine Spielfigur. Ihr seid Feuerwehrleute und sollt einen Brand in der Hauptstraße löschen. Ziel ist es, durch würfeln als Erster am Einsatzort anzukommen und den Brand zu löschen. Gewonnen hat, wer mit der genauen Augenzahl das Zielfeld erreicht. Aber Achtung! Die Fahrt hat viele Tücken.

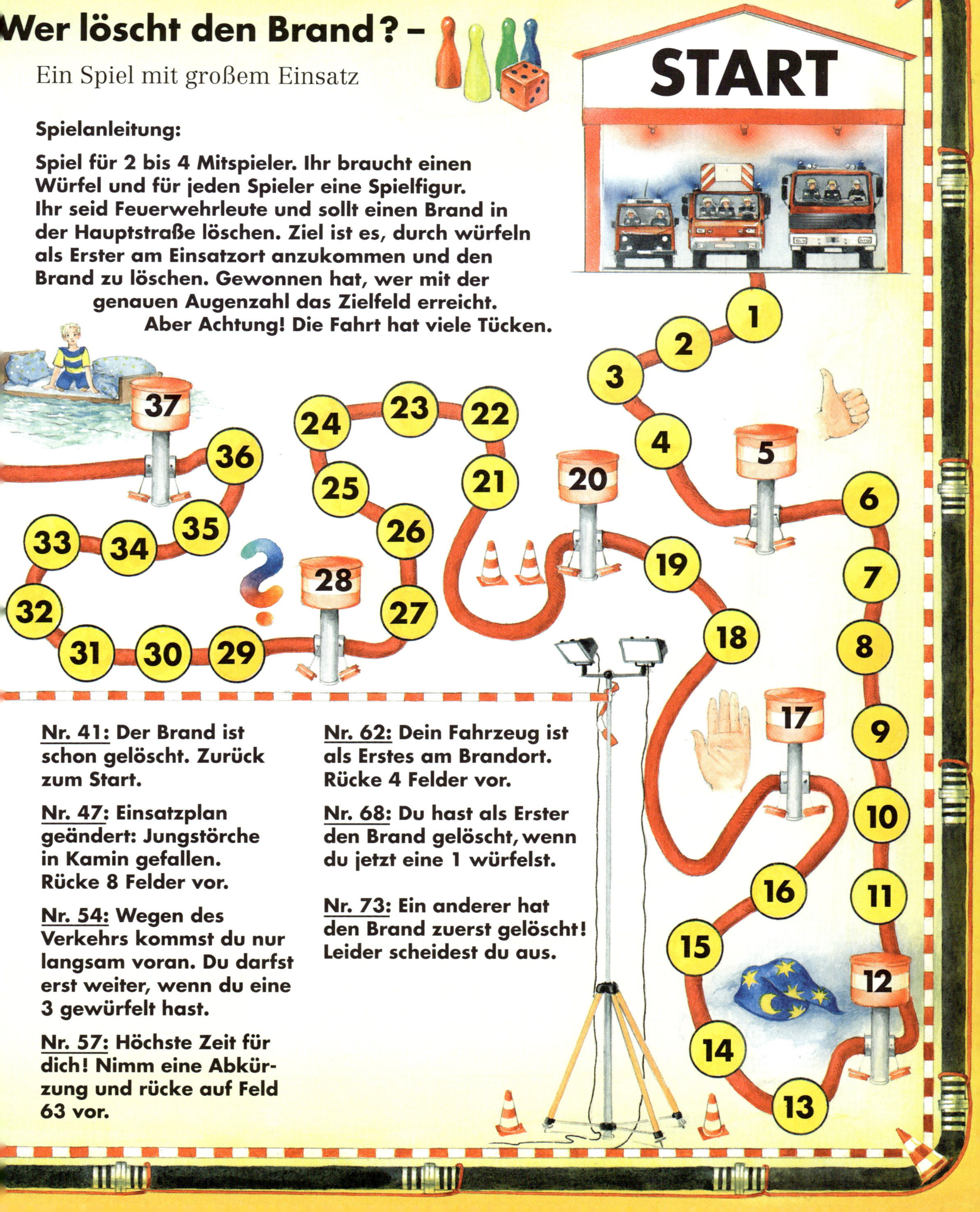

Nr. 41: Der Brand ist schon gelöscht. Zurück zum Start.

Nr. 47: Einsatzplan geändert: Jungstörche in Kamin gefallen. Rücke 8 Felder vor.

Nr. 54: Wegen des Verkehrs kommst du nur langsam voran. Du darfst erst weiter, wenn du eine 3 gewürfelt hast.

Nr. 57: Höchste Zeit für dich! Nimm eine Abkürzung und rücke auf Feld 63 vor.

Nr. 62: Dein Fahrzeug ist als Erstes am Brandort. Rücke 4 Felder vor.

Nr. 68: Du hast als Erster den Brand gelöscht, wenn du jetzt eine 1 würfelst.

Nr. 73: Ein anderer hat den Brand zuerst gelöscht! Leider scheidest du aus.

Lies mal weiter!

Was tun, wenn es brennt?

Ruhe bewahren
Durch Aufregung wird nichts besser.

Versuche nie ein Feuer zu löschen, auch wenn es noch so klein ist
Sag einem Erwachsenen Bescheid!

Feuer im Zimmer
Verlasse schnell den Raum und bring dich in Sicherheit. Schließe alle Türen hinter dir!

Ruf die Feuerwehr
Telefonnummer in Deutschland 112, in Österreich 122, in der Schweiz 118.

Rauch ist lebensgefährlich
Versuche ein verqualmtes Zimmer auf allen vieren zu verlassen. Halte den Kopf so tief wie möglich. Am Boden ist die Luft am besten!

Kannst du das Haus nicht mehr verlassen, dann rette dich in einen Raum, möglichst weit vom Brandherd entfernt
Schließe die Tür und verstopfe die Ritzen, wenn möglich mit feuchten Kleidungsstücken, dann stell dich ans Fenster und mach dich bemerkbar. Die Feuerwehr wird dich durch das Fenster mit der Leiter retten.

Benutze bei einem Brand nie den Fahrstuhl
Hier kann dir der Rauch besonders gefährlich werden.

Wusstest du, dass ...

... die Feuerwehr auch Motorkettensägen einsetzt, zum Beispiel, wenn Türen verklemmt sind?

... man Feuerschneisen durch den Wald zieht, um die Ausbreitung eines Waldbrandes zu verhindern?

... Löschflugzeuge ihr Wasser immer auf einmal ablassen? Der Brand wird durch den gewaltigen Aufprall der Wassermenge gelöscht.

... es in vielen großen Gebäuden an den Decken Wassersprinkler gibt? Sie versprühen automatisch bei hohen Temperaturen Wasser in den Räumen.

... auch Mädchen Feuerwehrleute werden können? Manche Löschgruppen bestehen nur aus Frauen.

... es eine Jugendfeuerwehr gibt? Mit 12 Jahren kannst du zur Jugendfeuerwehr. Hier kann man auch an Wettkämpfen mit anderen Jugendfeuerwehren teilnehmen.

... die erste hauptamtliche Feuerwehr vor 250 Jahren in Wien gegründet wurde?

... in den Wassertank eines Tanklöschfahrzeugs so viel Wasser hinein passt wie in 30 Badewannen?

... auch nach dem Löschen eines Brandes immer ein oder mehrere Feuerwehrleute als Brandwache zurückbleiben? Sie melden sofort, falls das Feuer wieder aufflammen sollte.

... diese Schilder der Feuerwehr anzeigen, wo der nächste Unterflurhydrant zu finden ist?

Unterflurhydranten sind Wasseranschlussstellen, die unterhalb der Straßendecke liegen. Man findet sie überall in der Stadt.

... manche Feuerwehrhelme oben eine spitze Kante haben? Wenn ein Ziegelstein oder ein Dachziegel auf den Helm fällt, zerspringt er an dieser Kante in zwei Teile. So wird die Wucht des Aufpralls abgemildert.

Autos und Lastwagen

Wie war das vor tausend Jahren?

Wie war das vor tausend Jahren?
Da ist noch kein Auto gefahren,
da ritt man Stunden um Stunden.

Und kamst du hungrig in Aachen an
und fragtest nach Kartoffeln,
dann sprach der Wirt: „Bedaure,
da sind Sie viel zu früh daran,
die sind noch nicht erfunden."

Josef Guggenmos

Inhalt

Der Scraper oder Planierpflug trägt eine dünne Erdschicht ab und transportiert sie in die Transportmulde. Dort wird sie zerkleinert, mit einem Schieber wieder auf die Straße geschüttet und mit den Hinterrädern verdichtet.

Der obere Teil des Löffelbaggers kann sich rundherum drehen. Der Löffel ist schwenkbar und kippt die aufgeschaufelte Erde wieder ab.

Von der Kippbrücke eines Vierachsers wird das Mischgut in den Aufnahmebehälter des Asphaltfertigers geschüttet. Mit der Maschine wird der Straßenbelag dann heiß und gleichmäßig auf die Fahrbahn aufgetragen.

Straßenbaufahrzeuge

„Fabian, Daniel, wir wollen losfahren. Bringt Knuffel doch endlich in das Auto!“, ruft die Mutter. Die Zwillinge locken ihren Hund in den Hundekorb im Kofferraum. Knuffel ist beleidigt. Er möchte viel lieber bei den Jungen auf der Rückbank sitzen. Eine halbe Stunde später steht die Familie im Stau.

„Wann sind wir endlich da?“, quengelt Daniel. Da entdeckt Fabian eine Baustelle. „Schau mal, wie riesig das Fahrzeug da unten ist“, sagt er. „Das ist doch ein Scraper“, belehrt ihn Daniel. „Die Maschine wird für die Untergrundarbeiten beim Straßenbau benötigt.“

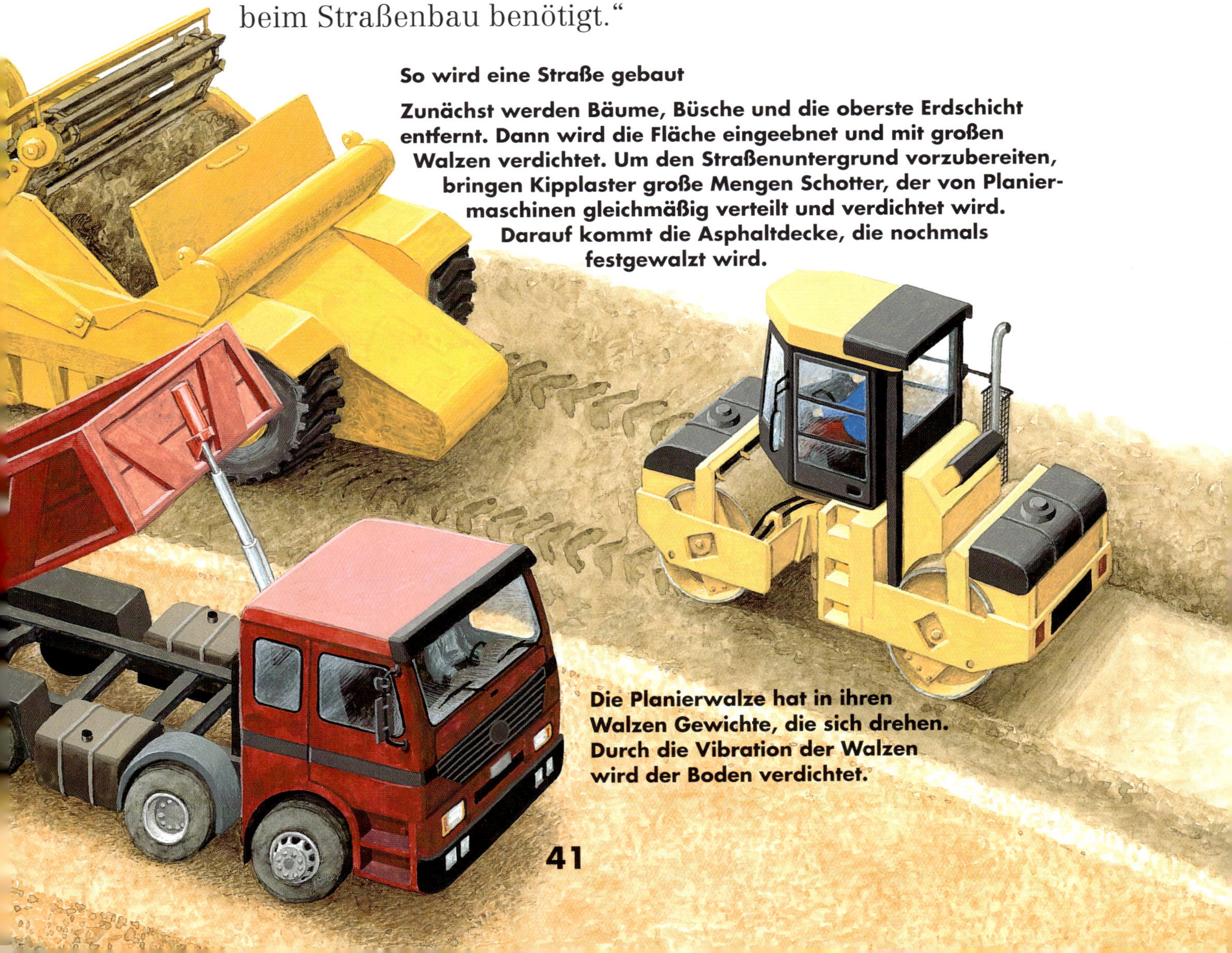

So wird eine Straße gebaut

Zunächst werden Bäume, Büsche und die oberste Erdschicht entfernt. Dann wird die Fläche eingeebnet und mit großen Walzen verdichtet. Um den Straßenuntergrund vorzubereiten, bringen Kipplaster große Mengen Schotter, der von Planiermaschinen gleichmäßig verteilt und verdichtet wird. Darauf kommt die Asphaltdecke, die nochmals festgewalzt wird.

Die Planierwalze hat in ihren Walzen Gewichte, die sich drehen. Durch die Vibration der Walzen wird der Boden verdichtet.

Wenn ein Auto unterwegs kaputtgeht, kann man über eine Notrufsäule den Pannendienst anrufen. Ein Abschleppwagen bringt das Auto in die nächste Werkstatt.

Auf der Autobahn

„Der Verkehr wird auch immer schlimmer“, schimpft der Vater. „Wenn wir nur schon auf der Autobahn wären!“
„Oder schon bei Meike und Jan“, sagt Daniel. „Ich freu mich schon so auf den Besuch bei ihnen!“ Plötzlich fängt Knuffel an zu bellen. „Uns verfolgt ein Dinosaurier“, ruft Fabian. Tatsächlich! Auf der Ladefläche eines Schwerlasttransporters befindet sich ein haushohes Ungetüm. „Diese Fahrzeuge können noch ganz andere Dinge mitnehmen“, erklärt der Vater, „ganze Häuser, Schiffsmotoren für Ozeanriesen und sogar Weltraumraketen.“
„Ihr könnt ja mal aufpassen, wie viele unterschiedliche Fahrzeuge wir sehen“, schlägt die Mutter vor.

Schwerlasttransporter

Seine Plattform ruht auf 12 Wagenachsen mit jeweils 4 Rädern. Mit seinen 48 Rädern kann er bis zu 300 Tonnen transportieren.

Personenwagen

Jeep mit Vierradantrieb und Pferdeanhänger

Messerschmitt-Kabinenroller, ein Oldtimer von 1957

Ein Sattelschlepper oder Truck besteht aus der Zugmaschine und einem Auflieger. Beim Frontlenker befindet sich die Fahrerkabine über dem Motor. Das erleichtert dem Fahrer das Rangieren. Außerdem kann er enge Kurven fahren und hat eine bessere Sicht. Um an den Motor zu kommen, wird die Fahrerkabine um 60 Grad nach vorn gekippt.

Frontlenker

Dieser Autotransporter kann bis zu 11 Autos aufladen.

Schwere Lastwagen

Daniel hat Hunger und Fabian muss mal.
Bei der nächsten Raststätte verlässt die Familie die Autobahn. Zur Raststätte gehören eine Tankstelle, ein Spielplatz, WC, Telefon und ein Restaurant.
An einem der Holztische im Grünen machen sie es sich gemütlich. Die Mutter packt belegte Brote aus, während die Zwillinge zu den Toiletten gehen. Auf dem Rückweg laufen sie um die Wette. Beide sind gleich schnell.
„Euch geht es wie den beiden Lastwagen da“, schmunzelt der Vater. „Die liefern sich gerade ein Elefantenrennen – und keiner gewinnt!“

**Auf Autobahnen dürfen nur Fahrzeuge fahren, die schneller als 60 Kilometer in der Stunde sind. Man darf nur in eine Richtung fahren.
An besonderen Abfahrten oder Anschlussstellen kann man die Autobahn wieder verlassen. Wenden, Rückwärtsfahren und Halten sind auf der Autobahn verboten. Nur auf den Seitenstreifen darf in Notfällen angehalten werden.**

Haubenwagen

Die Fahrerkabine befindet sich hinter dem Motor. Die Schornsteine an beiden Seiten der Kabine sind die Auspuffrohre. Bei Reparaturarbeiten am Motor muss nur die Haube hochgehoben werden.

Fabian staunt über die vielen Instrumente im Cockpit. Die nette Fahrerin erklärt ihm, dass es Lastwagen mit 18 und mehr Gängen gibt. In ihrem Fahrzeug gibt es einen kleinen Computer, ein Telefon und ein Faxgerät. Mit den anderen Truckfahrern unterhält sie sich über CB-Funk.

Ein Tanklastwagen kann bis zu 38 000 Liter Benzin aufnehmen. Aus Sicherheitsgründen ist der Tank in mehrere Kammern unterteilt.

Sattelschlepper mit Wechselaufbau

Um den Container abzuladen, wird er von der Zugmaschine hydraulisch angehoben und dann auf Stützen gestellt. Die Zugmaschine wird abgesenkt und kann nun mit einem anderen Aufbau beladen werden

Sattelschlepper

Nach dem Essen machen die Eltern mit Knuffel einen Spaziergang. Die Jungen schauen sich unterdessen die Fahrzeuge auf dem Lastwagenparkplatz an. „Schau mal, der Sattelschlepper transportiert einen Container. Was da wohl drin ist?“, sagt Fabian.

„Das sind Maschinenteile“, antwortet eine Frauenstimme hinter ihnen. „Ich bringe den Container in den Hamburger Hafen. Dort wird er direkt von meinem Truck auf ein Schiff verladen und ab geht´s nach Brasilien.“

„Ob wir wohl mal in die Fahrerkabine schauen dürfen?“, fragt Fabian.

Das Innere der Fahrerkabine gleicht einer kleinen fahrbaren Wohnung. Neben Bett und Fernseher gibt es ein Waschbecken zum Frischmachen.

Mit bis zu 40 Tonnen kann der Holztransporter beladen werden. Die Baumstämme werden mit Kränen aufgeladen.

Die Plattform des Tiefladers liegt tief, damit er mit seinem Transportgut auch unter Brücken hindurchfahren kann.

Spiele:

1. Autokennzeichenspiel

Aus den Buchstaben der Autokennzeichen werden Sätze gebildet. Jeder Buchstabe steht für ein Wort. Wer am schnellsten fertig ist oder die originellste Lösung vorschlägt, ist Sieger.

Beispiel:

LB - MS 3560
(Langweilige Baustelle macht Stau).

DD - LW 76
(Durstiger Dinosaurier läuft weg).

RA - V 198
(Reiselustiger Affe vermisst).

2. Teekesselspiel

Zwei Kinder vereinbaren ein Teekesselwort – das ist ein Wort mit zwei Bedeutungen. Sie machen Angaben zu diesem Begriff und die Mitspieler müssen das Wort erraten.

Beispiel:

Hahn
(auf dem Mist und Wasserhahn).

Birne
(auf dem Baum und Glühbirne).

Bank – **Schloss** – **Tor** – **Ton**

3. Auto-ABC

Reihum muss jeder versuchen, möglichst vollständig das Auto-ABC aufzusagen.

Beispiel:

Abgas – Bremse – CB-Funk – Dachständer – Einspritzer – Frontlenker – Gurt …
Wenn es nicht weitergeht, kommt der Nächste dran.
Das Spiel kann man auch mit Tieren, Blumen, Namen, Ländern usw. spielen.

4. Wie lang ist ein Kilometer?

Bei diesem Spiel geht es ums Schätzen. Der Fahrer schaut auf seinen Tachometer und gibt das Startzeichen.
Die Spieler versuchen nun zu schätzen, wann ein Kilometer zurückgelegt wurde.
Wer meint, dass es so weit ist, ruft „jetzt".
Dann wird geprüft, wer mit seiner Schätzung richtig lag.

Wer kennt sich mit Autos aus?

Um die langweilige Fahrt etwas abzukürzen, spielen Daniel und Fabian mit ihren Eltern ein paar Spiele. Dem Vater fällt sogar ein Quiz ein.

Quiz: Aufgepasst!

1. *Mit welcher Maschine wird der Straßenbelag gemacht?*

a) Mit einer Betonmisch-maschine.

b) Mit einer Planierwalze.

c) Mit einem Asphaltfertiger.

2. *Woher hat der Tieflader seinen Namen?*

a) Von seiner tief liegenden Plattform.

b) Weil er nur Gegenstände von geringer Höhe transportiert.

c) Von August Tief, dem Erfinder dieses Anhängers.

3. *Was tun bei einer Panne?*

a) Auf den Seitenstreifen fahren und zur nächsten Notrufsäule gehen, um Hilfe zu holen.

b) Mit beiden Armen winken und ein Auto anhalten, damit es einen zur nächsten Werkstatt fährt.

c) Auf den Seitenstreifen fahren und warten, bis ein Pannenwagen vorbeikommt.

4. *Welche Fahrzeuge dürfen auf der Autobahn fahren?*

a) Alle Fahrzeuge außer Mofas und Traktoren.

b) Alle Fahrzeuge, die schneller als 60 Kilometer in der Stunde fahren.

c) Alle Fahrzeuge, die schneller als 80 Kilometer in der Stunde fahren.

5. *Was ist eine Zugmaschine?*

a) Ein Truck.

b) Ein Sattelschlepper.

c) Der Teil des Lastwagens, der die Anhänger zieht.

Lösung:
1c / 2a / 3a / 4b / 5 c

Wenn das Müllfahrzeug voll ist, fährt es mit seiner Ladung zur nächsten Mülldeponie oder zu einer Müllverbrennungsanlage. Dort wird der hintere Teil des Wagens aufgeklappt und der Müll mit einer automatischen Vorrichtung an der Wand hinausgeschoben.

Das Müllsammelfahrzeug wird mit Haus- oder Restmüll beladen. Die Mülleimer werden auf eine Plattform gestellt und automatisch entleert. Der Müll fällt in das Innere des Wagens, wird dort zerkleinert und dann mit einem Schieber nach hinten gedrückt.

Die Müllabfuhr

Meike und Jan spielen in dem Park neben ihrem Haus Fußball. Sie warten auf ihre Freunde. Endlich kommen sie an. Alle freuen sich, besonders Knuffel: Er hört gar nicht mehr zu bellen auf.
„Diesmal war die Fahrt gar nicht so langweilig", behauptet Daniel. „Wir haben viele Fahrzeuge gesehen und Spiele haben wir auch gemacht."
Fabian erzählt von der tollen Fahrerkabine des Sattelschleppers. „Ich werde auch mal Fernkraftfahrer", sagt er.
„Und ich Fußballerin", meint Meike und schießt den Ball in hohem Bogen über die Wiese.
Der Ball rollt auf die Straße. Meike will hinterherlaufen und achtet nicht auf den Verkehr. Daniel kann sie gerade noch am T-Shirt festhalten.

Über den Monitor sieht der Fahrer des Müllwagens, wie die beiden Müllmänner die Eimer und Container in den Wagen entleeren. Erst wenn sie fertig sind und wieder auf ihren Trittbrettern stehen, fährt er weiter.

Ein Müllwagen kann bis zu 80 Kubikmeter ungepressten Müll schlucken. Das ist so viel wie in ein kleines Reihenhaus passt.

Über die ausfahrbare Drehleiter dieses Feuerwehrfahrzeugs werden bei Bränden Menschen aus den oberen Stockwerken von Häusern gerettet.

Die Bodenbürsten der Straßenkehrmaschine kehren den Schmutz auf einen Haufen. Mit dem großen beweglichen Schlauch werden Blätter und Schmutz aus dem Rinnstein gesaugt.

Nutzfahrzeuge in der Stadt

Am nächsten Morgen wollen Meike und Jan ihren Freunden zeigen, wo sie bald wohnen werden. Bei ihrem Spaziergang sehen die Kinder verschiedene städtische Nutzfahrzeuge, zum Beispiel eine Straßenkehrmaschine und einen Lastwagen mit einer Gelenkmast-Arbeitsbühne. Jan weiß, dass es in Berlin fast 2000 Nutzfahrzeuge gibt. Dazu gehören auch die Fahrzeuge der Feuerwehr, Schneepflüge und Lastwagen, die den Dreck aus der Kanalisation saugen. Manche Fahrzeuge können sogar für mehrere Zwecke eingesetzt werden.

Von seiner Arbeitsbühne aus bedient der Arbeiter die Hydraulik des ausfahrbaren Arms. Er kann über 20 Meter hoch fahren. Dieses Fahrzeug wird unter anderem zum Fensterputzen, für Reparaturarbeiten an Brücken und Straßenlaternen eingesetzt. Aus Sicherheitsgründen wird der Lastwagen vorher auf „Stempel" gestellt.

Mit den keilförmigen Stahlblechen schiebt das Schneeräumfahrzeug den Schnee beiseite und drückt ihn an den Straßenrand. Gleichzeitig wird von der hinteren Plattform Sand oder Salz auf die Straße gestreut.

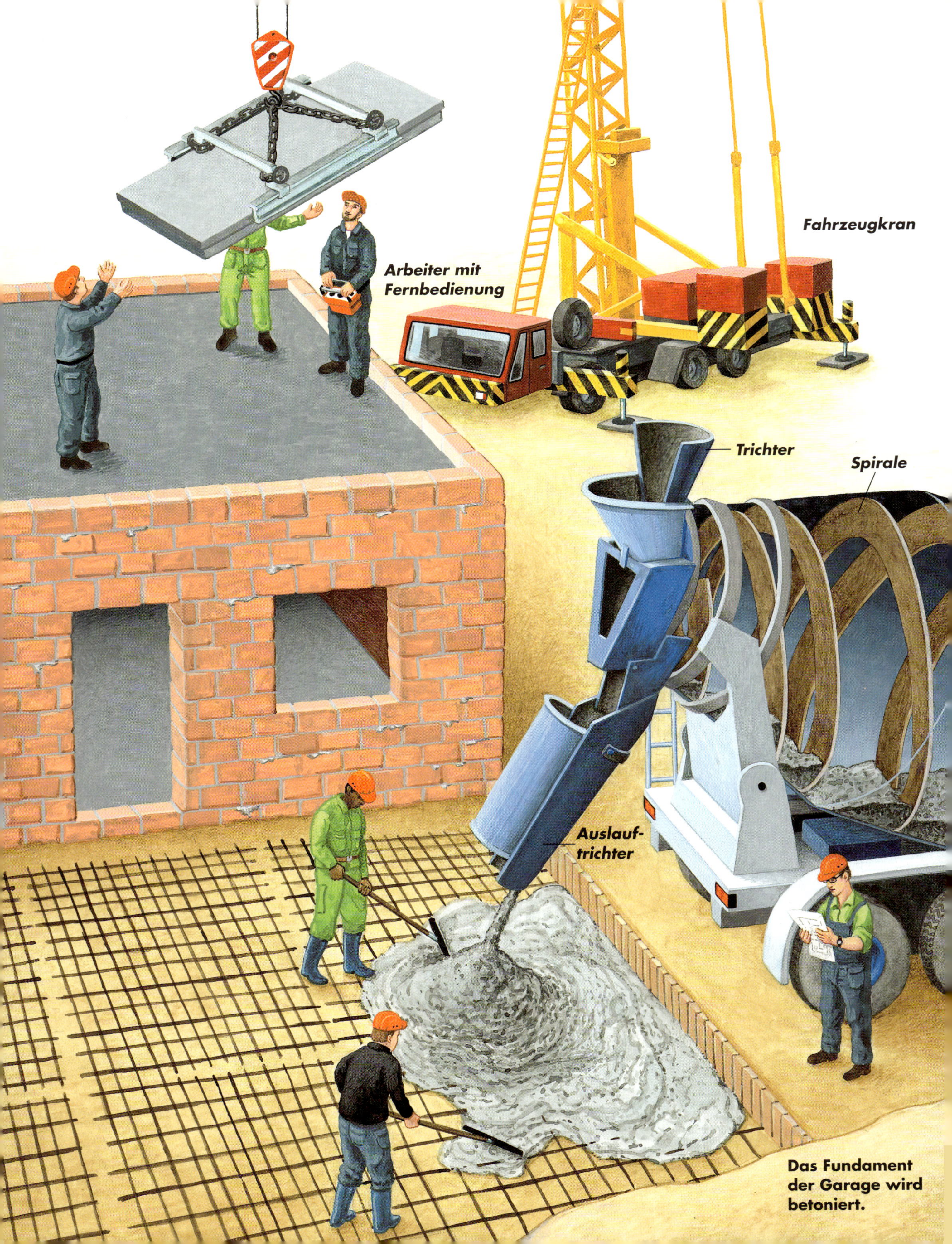

Das Fundament der Garage wird betoniert.

Auf der Baustelle

Der Spaziergang durch die Stadt macht den Zwillingen Spaß. Sie haben viel gesehen und auch Knuffel findet die vielen Gerüche aufregend. „Wohin zieht ihr denn nun?“, fragt Fabian, als sie gerade an einer Baustelle vorbeilaufen. „In dieses Haus“, sagt Meike stolz und zeigt auf einen Rohbau, bei dem gerade die Betondecke mit einem Kran verlegt wird. Neben dem Haus wird der Garagenboden gegossen. Aus einem Transportbetonmischer fließt über eine Rutsche der flüssige Beton auf die mit Brettern verschalte und mit Eisengittern belegte Fläche.

Fahrzeugkran

Der Fahrzeugkran wird ferngelenkt. Der Kranführer steht mit den anderen Arbeitern auf dem Dach und bringt die Bauteile mit seiner Fernbedienung genau an die richtige Stelle. Wenn die Arbeiten am Bau beendet sind, wird das Gittergerüst des Krans zusammengeklappt und auf das Fahrgestell gelegt.

Transportbetonmischer

In diesem Betonmischer wird der fertige Beton nicht hart, denn die Trommel mit der Spirale im Inneren ist stets in Bewegung. Zum Entleeren lässt der Fahrer die Trommel in die andere Richtung drehen. Dabei fließt der Beton über den Auslauftrichter und die schwenkbare Rutsche hinaus.

Die Vorläufer der Autobusse waren die Pferdepostkutschen. Mit diesem Bus konnte man um 1900 fahren.

Die roten englischen Doppeldeckerbusse sind berühmt. Sie fahren schon seit 1910 in London und Umgebung.

Der Dieselmotor

Im Motorblock ① arbeiten die Kolben ②, die den Motor antreiben und über die Pleuelstangen ③ mit der Kurbelwelle ④ verbunden sind. Diese setzt die Auf- und Abbewegung in eine Drehbewegung der Schwungscheibe ⑤ um. Durch die Einspritzdüsen ⑥ wird der Motor mit Kraftstoff versorgt. In der Ölwanne ⑦ sammelt sich das Motoröl, das zur Schmierung des Motors notwendig ist. Der Kühler ⑧ und der Kühlventilator ⑨ verhindern, dass der Motor überhitzt.

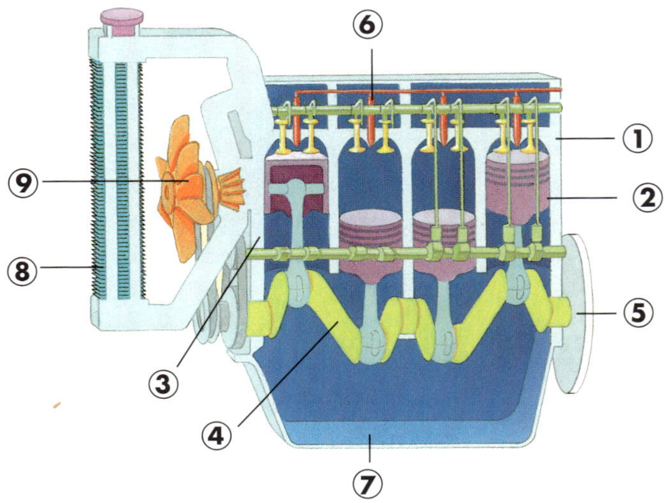

Autobusse

„Können wir nicht mit dem Bus heimfahren? Ich bin so müde“, stöhnt Daniel.
„Das lohnt sich nicht“, sagt Jan. „Wenn wir über den Marktplatz gehen, sind wir in zehn Minuten zu Hause.“
Vor dem Rathaus hält ein Reisebus. Fabian ist neugierig. Er schaut sich den Bus genauer an. „Mensch, ist das ein gemütlicher Bus“, erzählt er wenig später den anderen. „Der hat sogar ein Klo, zwei Fernseher und eine kleine Küche mit Kühlschrank. Und wenn die Leute müde sind, können sie ihre Sitze zu Liegen umbauen!“

In diesem Reisebus haben etwa 80 Leute Platz. Für 1000 Kilometer braucht er etwa 300 Liter Diesel. Diese Menge passt in seinen Tank.

So funktioniert der Dieselmotor

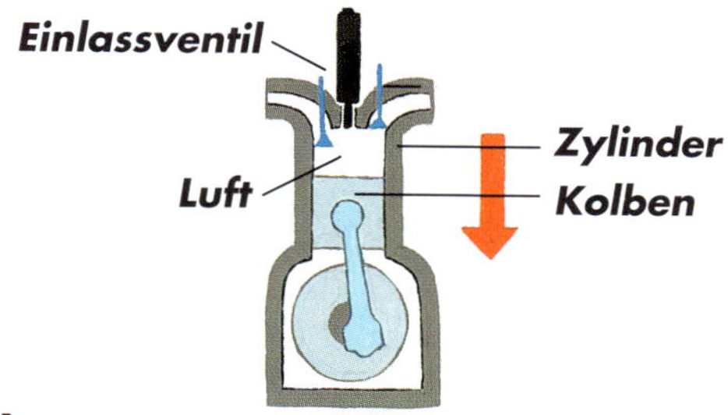

Ansaugen
Der Kolben im Zylinder bewegt sich nach unten. Dabei wird über das Einlassventil Luft angesaugt.

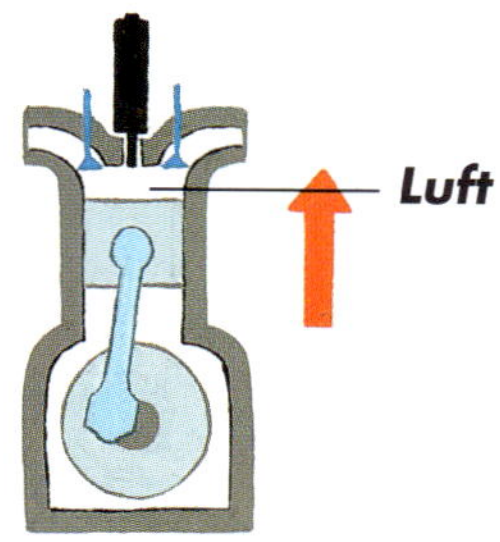

Verdichten
Der Kolben bewegt sich nach oben und presst die Luft zusammen. Die Luft erhitzt sich.

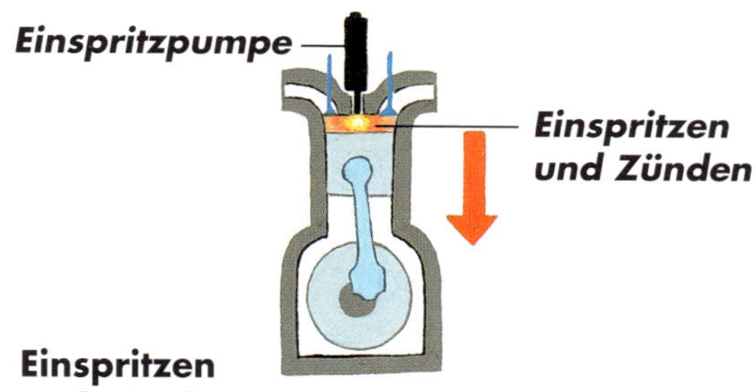

Einspritzen und Zünden
Kraftstoff wird eingespritzt. Die zusammengepresste Luft ist so heiß, dass sich der Kraftstoff von selbst entzündet. Die Explosion treibt den Kolben nach unten.

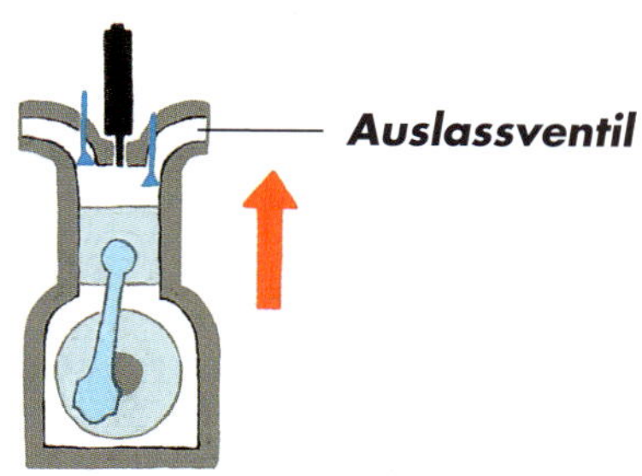

Ausstoßen
Der Kolben geht wieder nach oben und drückt die Abgase durch das Auslassventil aus dem Zylinder.

Das Auto

Ein modernes Auto besteht aus Karosserie, Motor, Antrieb und Fahrwerk. Die Karosserie ist die Stahlblechhülle, an die alle anderen Teile montiert werden. Der Antrieb besteht aus Getriebe, Kupplung und anderen Teilen zur Kraftübertragung zwischen Motor und Antriebsrädern. Das Fahrwerk besteht aus der Federung, den Achsen und den daran befestigten Rädern.

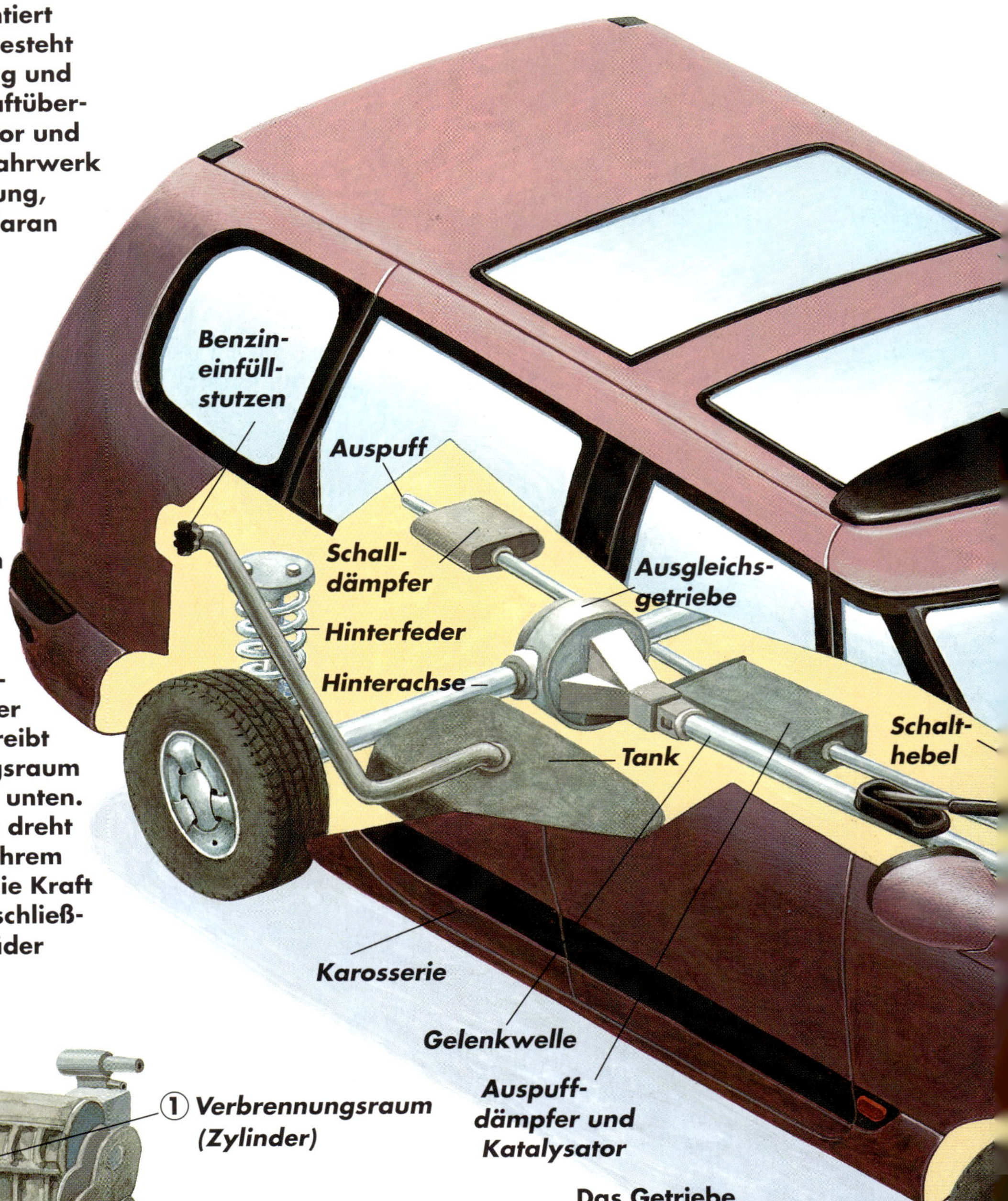

Der Verbrennungsmotor

Die meisten Kraftfahrzeuge werden mit Verbrennungsmotoren angetrieben.
In diesen Motoren wird ein explosionsfähiges Kraftstoff-Luft-Gemisch entzündet. Der Druck der Explosion treibt in einem Verbrennungsraum ① einen Kolben nach unten. Der Kolben wiederum dreht eine Kurbelwelle mit ihrem Schwungrad ②, die die Kraft auf ein Getriebe und schließlich auf die Antriebsräder überträgt.

Das Getriebe

Zwischen dem Motor und den Antriebsrädern ist ein Getriebe zwischengeschaltet. Im Getriebe wird die Kraft des Motors mit Hilfe von großen und kleinen Zahnrädern auf die Räder übertragen.

Wie funktioniert ein Auto?

Die Tage bei den Freunden vergehen viel zu schnell. Daniel und Fabian sind traurig, dass sie schon wieder nach Hause müssen. Vor der Abfahrt kontrolliert der Vater nochmals den Ölstand. Den Reifendruck will er bei der nächsten Tankstelle überprüfen. In der Zwischenzeit verabschieden sich die Freunde. „Wenn wir euch besuchen kommen, schauen wir uns die großen Traktoren bei euch daheim an“, sagt Jan zum Abschied.

So funktioniert der Viertakt-Benzinmotor

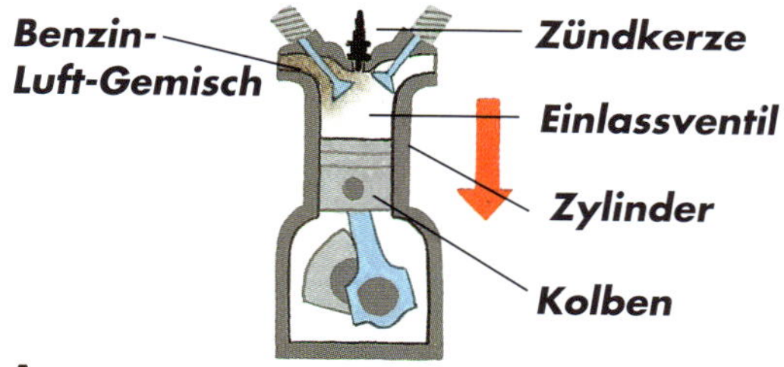

Ansaugen
Der Kolben im Zylinder bewegt sich nach unten. Dabei wird das Benzin-Luft-Gemisch über das Einlassventil in den Zylinder gesaugt.

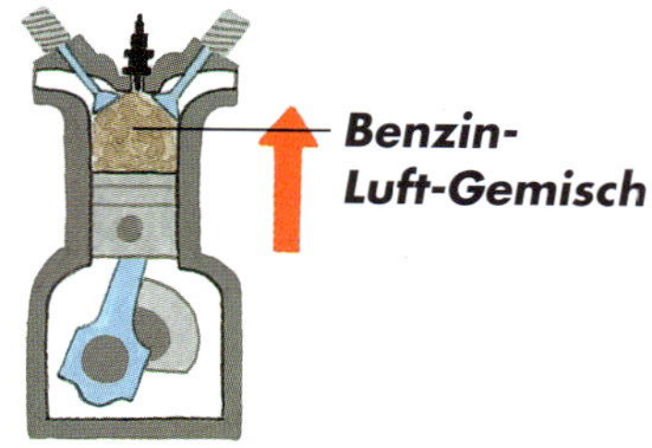

Verdichten
Nun bewegt sich der Kolben wieder nach oben. Alle Ventile sind geschlossen. Dabei presst der Kolben das Benzin-Luft-Gemisch zusammen: es wird „verdichtet“.

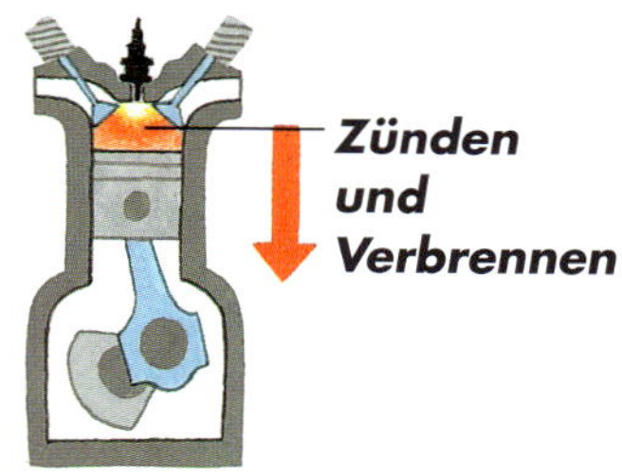

Zünden
Über einen elektrischen Funken aus der Zündkerze wird das Gemisch entzündet. Es explodiert und das entstandene Gas treibt den Kolben wieder nach unten.

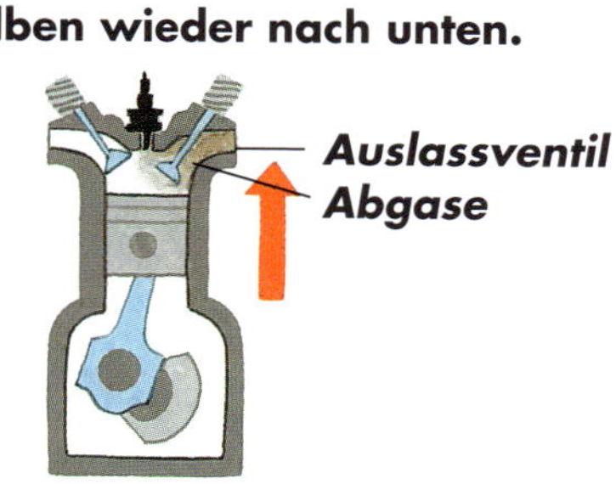

Ausstoßen
Während sich der Kolben wieder nach oben bewegt, drückt er über das Auslassventil die Abgase aus dem Zylinder in das Auspuffrohr.

Lies mal weiter!

Flugzeugschlepper bringen Großflugzeuge über die Flugpiste zu ihrem Startplatz. Sie haben 1200 PS und mit dem Flugzeug ein Gesamtgewicht von 60 Tonnen!

Straßenschwertransporter können auf bis zu 96 Rädern fahren und Lasten von 1200 Tonnen mit 8 Meter Breite transportieren, zum Beispiel schwere Bauteile und schwere Fahrzeugkräne.

Riesenlastzüge sind hauptsächlich in den USA und Australien unterwegs. Ihre Zugmaschinen haben einen sehr starken Dieselmotor.
Sie können 4 Anhänger mit etwa 13 Meter Länge ziehen! So können bei Fahrten mit großen Entfernungen gleichzeitig viele Transportgüter mitgenommen werden. In den Kippern der australischen Lastzüge werden meist tonnenweise Kohle oder Salz transportiert.
Manchmal aber auch hunderte von Schafen oder Kühen.

Außergewöhnliche Fahrzeuge

Wenn man etwas Schweres, Großes oder besondere Mengen transportieren will, reichen die herkömmlichen Transportfahrzeuge nicht aus. Um zum Beispiel eine Rakete oder einen Ölbohrturm von ihrem Herstellungsort zu ihrem Bestimmungsplatz zu bringen, braucht man spezielle Fahrzeuge. Oft werden sie für einen einzigen Einsatz extra konstruiert.

Modultransporter sind Fahrzeuge, die man je nach ihrer Ladung wie Bausteine zusammebauen kann – nebeneinander oder hintereinander.
So können sogar ganze Ölbohrinseln transportiert werden.

Mit diesem Wechselaufbaufahrzeug können Raketen transportiert werden.
Das Fahrzeug hat einen diesel-elektrischen Motor mit 5500 PS. Zusammen mit der Rakete wiegt es etwa 8200 Tonnen.

Fahrzeuge zum Ausmalen

Diese Seite könnt ihr fotokopieren und ausmalen!

Worterklärungen

Antiblockiersystem (ABS):
Ein elektronisches System überprüft, ob sich die Räder während des Bremsens noch drehen und lockert die Bremse, wenn ein Rad blockiert. Diese Erfindung macht Autos sicherer, denn ein stark gebremstes, aber rollendes Rad bremst besser als ein blockiert rutschendes Rad.

Auspuff:
Durch den Auspuff werden die Abgase vom Motor nach außen geleitet. Ein Katalysator reinigt sie zuvor.

Ausgleichsgetriebe:
Mehrere ineinander greifende Zahnräder sorgen dafür, dass sich die Hinterräder beim Kurvenfahren mit unterschiedlicher Geschwindigkeit drehen.

Benzin:
In den Benzinmotoren wird ein Gemisch aus Benzin und Luft verbrannt. Benzin wird in chemischen Verfahren aus Erdöl gewonnen. Es ist eine farblose brennbare Flüssigkeit, die leicht verdunstet.

Diesel:
Vor allem Lastwagen, aber auch Autos werden mit Diesel angetrieben.
Diesel wird in chemischen Verfahren aus Erdöl gewonnen.

Geschwindigkeit:
Die Strecke, die in einer bestimmten Zeit zurückgelegt werden kann. Sie wird in Kilometer pro Stunde gemessen.

Getriebe:
Über das Getriebe wird die Kraft des Motors auf die Vorder- oder Hinterräder übertragen.

Karosserie:
Der Aufbau des Fahrzeugs, der auf das Fahrgestell aufgesetzt wird.

Katalysator:
Er wandelt giftige Stoffe des Autoabgases in umweltverträglichere Stoffe um.

Kühler:
Damit der Motor nicht überhitzt wird, umfließt ihn Kühlwasser, das sich im Kühler befindet. Während der Fahrt strömt Luft durch den Kühler, der wiederum das Wasser abkühlt.

Lichtmaschine:
Die Lichtmaschine erzeugt elektrische Energie, wenn der Motor läuft. Diese wird in der Batterie gespeichert.

Schalthebel:
Mit dem Schalthebel werden die verschiedenen Gänge eingelegt. Autos haben 4 bis 6 Gänge: 4 oder 5 Gänge zum Vorwärtsfahren sowie einen Rückwärtsgang. In den niedrigen Gängen wird langsamer gefahren; die höheren Gänge werden eingelegt, wenn das Auto schneller fährt.

Schalldämpfer:
Dämpft den Auspufflärm bei allen motorisierten Fahrzeugen.

Verteiler:
Der Verteiler sorgt dafür, dass die Zündkerzen das Benzin-Luft-Gemisch zeitlich in der richtigen Reihenfolge zünden.

Zündanlage:
Sie erzeugt den Funken, der das Benzin-Luft-Gemisch im Kolben entzündet.

Zündkerzen:
Elektrische Zündkerzen liefern Zündfunken, die das Benzin-Luft-Gemisch entzünden.

Erfindungen rund ums Auto

1827:
Onésiphore Pecqueur entwickelt in Frankreich das Differentialgetriebe. Es wird noch heute in jedes Auto eingebaut.

1857:
Aus Rohöl wird erstmals Benzin gewonnen.

1868:
Vor dem Britischen Parlament wird die erste Verkehrsampel aufgestellt. Sie wurde von J. P. Knight erfunden und zeigt die Farben rot und grün.

1891:
Das erste Elektroauto wird in den USA von der Firma Morris und Salomon gebaut.

1902:
Die Scheibenbremse wird von dem Briten Frederik Lanchester erfunden.

1908:
Henry Ford lässt in seinem Autowerk das erste Fließbandauto vom Band. Das „Model T", auch „Tin Lizzy" genannt, ist durch die Fließbandherstellung so billig geworden, dass auch weniger Verdienende es sich leisten konnten.

1909:
Der Franzose Michel Frenkel erfindet den Katalysator im Auspufftopf. Erst 1974 baut General Motors ein verbessertes Modell in seine Autos ein.

Kleine Geschichte des Autos

Bereits seit einigen tausend Jahren benützen die Menschen rollende Wagen. Mit dem 1860 von Etienne Lenoir erfundenen Gas-Verbrennungsmotor wurde der Grundstein für motorangetriebene Fahrzeuge gelegt. Zunächst wurde dieser Motor in Dampfmaschinen eingebaut. Es lag jedoch nahe, den leichten Motor auch in Fahrzeuge einzubauen. 1862 fuhr Lenoir eine mit dem Gasmotor ausgerüstete Kutsche. 1876 erfand Nikolaus Otto den ersten Viertaktmotor, der mit Benzin lief. Zur gleichen Zeit entwickelte Carl Benz einen anderen Verbrennungsmotor, den Zweitakter. Gottlieb Daimler unternahm 1883 auf einem Motorrad und 1885 in einem „Automobil" die ersten Fahrten in Fahrzeugen mit Benzinmotor. Automobil bedeutet „Selbstbeweger". Mit dem Bau des Glühzünder-Motors durch Rudolf Diesel im Jahr 1892 war die Entwicklung neuer Verbrennungsmotoren für lange Zeit abgeschlossen. Erst 1956 entstand mit der Erfindung des Wankelmotors das letzte Modell der heute verwendeten Verbrennungsmotoren.

1926:
Das erste Allradauto, bei dem alle vier Räder vom Motor angetrieben werden, wird in Frankreich von Georges Latil vorgestellt.

1964:
Zum ersten Mal werden Dreipunkt-Sicherheitsgurte serienmäßig in einen Volvo eingebaut.

1971:
Die erste Vollautomatik wird in den holländischen „Daf" eingebaut. Bei diesem Auto muss nicht mehr geschaltet werden.

1982:
Das Antiblockiersystem (ABS) wird von der deutschen Firma Bosch entwickelt.

Mein
Fahrrad

Das treue Rad

Der Radfahrkünstler Sausebrand
Ist wohl bekannt in Stadt und Land.

Nicht minder kennen Land und Stadt
Rundumundum, sein treues Rad.

Frühmorgens, wenn die Sonn aufgeht,
Rundumundum vom Stroh aufsteht,

geht brunnenwärts mit andrem Vieh
und wäscht sich Miene, Brust und Knie.

Woraufs, bis man zum Frühstück pfeift,
mit Karo noch ein Weilchen läuft.

Um sieben tritt aus seiner Tür
laut pfeifend Sausebrand herfür.

Und langgestreckten Laufes naht
Rundumundum, sein treues Rad.

Es kniet sich hin wie ein Kamel
und trinkt vergnügt sein Schälchen Öl.

Und freundlich klopft ihm Sausebrand
den Rücken mit der flachen Hand.

Nun aber schnell! Der Herr ruft: Hopp!
und sprengt davon im Hochgalopp.

Christian Morgenstern

Inhalt

Je langsamer man fährt, desto schwieriger ist es, das Gleichgewicht zu halten. Ohne abzusteigen gelingt es Tobias mit eingeschlagenem Lenker für kurze Zeit zu stehen.

Clarissa fährt zwischen den beiden Bändern durch die schmale Gasse. Das schult ihren Gleichgewichtssinn.

Michael fährt im Slalom um die Hütchen. Manche Kurven sind sehr eng. Aber Michael schafft sie ohne abzusteigen.

Der Fahrrad-Parcours

Radfahren macht Spaß! Das finden jedenfalls Mia, Clarissa, Tobias und Michael. Weil auf den meisten Straßen so viel Verkehr ist, treffen sich die Freunde mit ihren Rädern oft auf dem nahe gelegenen Schulhof. Da kann man richtig gut rumsausen – und Autos gibt es auch keine! Heute baut Mias Vater mit den Kindern einen Fahrrad-Parcours auf. Er besteht aus mehreren Stationen und man muss ganz schön geschickt sein, um ihn fehlerfrei zu durchfahren. „Vor dieser Linie muss man halten, ohne mit dem Fuß auf den Boden zu kommen!“, sagt Mia und legt halbierte Tennisbälle in eine Reihe. „Ob ihr es wohl schafft zwischen den beiden Bändern durchzufahren, ohne sie zu berühren?“, fragt Tobias. „Leg sie lieber etwas weiter auseinander“, meint Clarissa, „sonst wird die Prüfung zu schwierig!“ Dann geht es los. Michael versucht es als Erster.

Zum Fahrradfahren gehört auch eine gute Ausrüstung. Besonders wichtig ist der Helm. Er muss fest auf dem Kopf sitzen und sollte Stirn, Schläfen und Hinterkopf gut abdecken. Wichtig ist, dass weder Sehen noch Hören durch den Helm beeinträchtigt werden. Handschuhe geben Griffsicherheit. Um im Dunkeln oder bei schlechtem Wetter gesehen zu werden, braucht man Reflektoren an Rad und Kleidung.

Mia zeigt, wie gut sie einhändig fahren kann. Sie fährt vorsichtig auf ihren Vater zu und nimmt ihm die Mütze vom Kopf.

Das musst du beim Linksabbiegen beachten:

1. Umsehen.
2. Handzeichen nach links geben.
3. Auf der Linksabbiegerspur oder auf der Fahrbahnmitte einordnen.
4. Auf die Vorfahrt achten.
5. Noch einmal umsehen.
6. In weitem Bogen abbiegen.
7. Auf Fußgänger achten.

Mit dem Fahrrad in die Schule

„Fahr nicht so schnell!“, ruft Mia ihrem Freund hinterher. Sie ärgert sich, weil Tobias immer der Erste sein will. Wie jeden Morgen fahren Tobias, Mia und ihre Mutter mit dem Fahrrad in die Schule. Sie haben Glück, denn der größte Teil des Weges führt auf Radwegen. Statt auf der großen Hauptstraße fahren die drei auf ruhigen Nebenstraßen. Mias Mutter fährt als Letzte. So hat sie die beste Übersicht. „Von mir aus könnte unser Schulweg viel länger sein“, sagt Tobias, als er im Schulhof sein Rad abschließt.

Das Linksabbiegen an großen Kreuzungen ist oft schwierig und gefährlich. Viel sicherer und oft auch schneller ist es, das Rad über den Fußgängerüberweg zu schieben.

Auch auf Radwegen musst du immer rechts fahren. Benutzen Fußgänger den Weg, heißt es aufpassen. Mit der Klingel kannst du Fußgänger oder andere Radfahrer warnen. Überhole erst, wenn du sicher bist, dass sie dich bemerkt haben.

Bis zum 10. Lebensjahr dürfen Kinder auf dem Gehweg fahren, wenn es keinen Radweg gibt. Doch auch dort lauern eine Menge Gefahren. Spielende Kinder, Tiere oder Bälle können die Fahrbahn plötzlich kreuzen. Autofahrer öffnen eine Tür, die plötzlich den Gehweg versperrt. Auch Ausfahrten oder Häuserecken sind gefährlich, weil man nicht sieht, was dahinter ist.

An Kreuzungen ohne Schilder und Verkehrsampeln gilt die Regel: Wer von rechts kommt, hat Vorfahrt. Deshalb musst du an jeder Seitenstraße, die rechts von dir liegt, darauf achten, ob ein Auto kommt.

Bist du fit im Verkehr?

In Mias, Tobias', Michaels und Clarissas Klasse ist es mucksmäuschenstill. Gespannt hören die Kinder auf das, was ihnen Verkehrspolizist Schmid zu erzählen hat. „Verkehrsregeln sind sehr wichtig", erklärt er, „aber genauso wichtig ist, dass ihr auch auf die anderen Verkehrsteilnehmer wie Autos, Fußgänger und Fahrradfahrer achtet und dass ihr wisst, wer Vorfahrt hat." Herr Schmid hat für den Verkehrsunterricht eine Magnettafel mitgebracht, auf der eine Straßenkreuzung aufgemalt ist. Jetzt setzt er zwei Magnetfahrzeuge auf die Kreuzung. Das rote Auto will die Kreuzung geradeaus überqueren. Von rechts kommt ein Fahrrad und will nach links abbiegen. „Wer hat Vorfahrt?", fragt Herr Schmid. Michael weiß die Antwort: „Das Fahrrad hat Vorfahrt, weil es von rechts kommt!"

Verkehrsampel

Fahrradampel

Fußgängerampel

Ampeln regeln den Verkehr. Bei Rot musst du vor der Kreuzung halten. Gelb bedeutet: Achtung, warte auf das nächste Signal. Bei Grün darfst du fahren. Du musst immer auch auf andere Fahrzeuge achten. Zeigt die Fußgängerampel grün, haben die Fußgänger den Vortritt.

Stopp! **Hier musst du anhalten und mindestens einen Fuß auf die Straße stellen. Wenn alles frei ist, kannst du weiterfahren.**

Vorfahrtstraße. **Wer auf dieser Straße fährt, hat Vorfahrt, auch wenn ein anderes Fahrzeug von rechts kommt.**

Vorfahrt gewähren. **Dieses Schild bedeutet: Die anderen Verkehrsteilnehmer haben Vorfahrt und du musst warten.**

Einbahnstraße. **Hier darfst du nur in die Richtung des Pfeils fahren. Für den Gegenverkehr ist die Straße gesperrt.**

Einfahrt verboten! **Stößt du von der falschen Richtung auf eine Einbahnstraße, dann begegnet dir dieses Schild.**

Radweg **– gibt es einen Radweg, so musst du ihn benutzen.**

Gemeinsamer Rad- und Fußweg. **Nimm Rücksicht, denn Fußgänger und Radfahrer benutzen einen Weg!**

Getrennter Rad- und Fußweg. **Fußgänger gehen auf der einen Seite der weißen Markierung, Radfahrer fahren auf der anderen Seite.**

Fußgängerüberweg. **Auch Radfahrer müssen anhalten, wenn ein Fußgänger hier über die Straße will. Möchtest du mit dem Fahrrad den Zebrastreifen benutzen, musst du absteigen und schieben.**

Spielstraße.
Hier spielen Kinder auf der Straße. Autos und Radfahrer dürfen nur Schritttempo fahren.

Ein Rad, das passt!

- Beim Stehen muss zwischen Oberrohr und Schritt mindestens 5 cm Platz sein.
- Stelle den Sattel so ein, dass du mit beiden Füßen auf den Boden kommst.
- Der Lenker sollte etwa Schulterbreite haben.
- Achte auf die Entfernung von Lenker und Sattel. Du solltest so aufrecht sitzen können, dass du die Straße gut überblicken kannst.

Um die Sattelhöhe einzustellen, musst du die Sattelstützklemmen lösen. Jetzt kannst du Sattel und Sattelstütze aus dem Sitzrohr ziehen. Jedoch nicht zu weit – sonst kann die Stütze brechen. Danach werden die Sattelstützklemmen wieder angezogen.

Welches Rad passt zu Mia?

„Komm schon, Papa! Der Fahrradladen macht ja bald zu!“ Mia drängelt. Sie darf sich zu ihrem Geburtstag ein neues Fahrrad aussuchen. Im Fahrradladen Zisch werden Mia und ihr Vater von Max, dem Sohn des Besitzers, bedient. Mia kennt Max schon lange. Vor allem bewundert sie seine Radfahrkünste. „Na, was kann ich für dich tun?“, fragt er. Mia erklärt, dass sie ein Fahrrad möchte, mit dem sie in der Stadt und im Gelände fahren kann. Max zeigt Mia einige Fahrräder in ihrer Größe. „Dieses hier ist besonders gut“, meint er und zeigt auf ein rotes Fahrrad mit schwarzen Streifen. Max stellt Mia den Sattel ein und lässt sie eine Runde fahren. „Papa, bitte lass uns dieses Rad kaufen“, ruft Mia begeistert.

Auf das musst du beim Fahrradkauf achten:

- **Für welchen Zweck brauchst du das Rad?**
- **Achte immer auf gute Verarbeitung.**
- **Hat das Rad die richtige Größe für dich?**

Bei gebrauchten Rädern gilt:

- **Sind Rahmen und Gabel ohne Beulen oder Rost?**
- **Ist die Gangschaltung sauber und leichtgängig?**
- **Gehen die Bremsen leicht und haben sie neue Bremsklötze?**
- **Funktioniert die Beleuchtung?**

Ein verkehrssicheres Rad

Liegeräder sind besonders schnell, weil der Fahrer durch seine Liegeposition wenig Luftwiderstand leistet.

Ein Rennrad ist ein reines Sportgerät. Es wiegt sehr wenig. Bei Radrennen hat es weder Beleuchtung noch Schutzbleche.

Ein Solarrad kann sowohl durch Treten als auch durch einen Elektromotor angetrieben werden. Der Motor wird über Solarzellen mit Energie versorgt. So kann das Fahrzeug bis zu 140 km/h fahren.

BMX-Räder sind Sporträder, mit denen man auch über Hindernisse springen kann. Für den Straßenverkehr müssen sie verkehrssicher ausgerüstet sein.

Mountainbikes sind besonders stabile, geländegängige Räder. Sie haben bis zu 27 Gänge und sind speziell für Fahrten im Gebirge und im Gelände konstruiert.

So viele Fahrräder!

Mia ist glücklich. Sie bekommt das rote Fahrrad mit den Tigerstreifen. Doch zuerst checkt Max es noch einmal durch. In der Zwischenzeit schauen sich Mia und ihr Vater im Verkaufsraum um. Unglaublich, was es für unterschiedliche Räder gibt! Am meisten fasziniert Mia das Tandem. „Super", meint sie, „da kann man wenigstens mal mit dem Treten aussetzen, wenn man keine Lust mehr hat!" „Das wäre aber nicht sehr sportlich. Außerdem glaube ich, dass du hiermit mehr Spaß haben wirst!", sagt Max und übergibt Mia ihr neues Fahrrad.

Für verschiedene Zwecke werden ganz unterschiedliche Fahrräder gebaut. Dieses Lastenfahrrad wird Long John genannt. Die Lasten werden auf einer Plattform zwischen Lenker und Vorderrad transportiert.

Beim Tandemfahren kann nur der Vordermann schalten, bremsen und lenken. Treten sollten beide Fahrer.

Das solltest du vor einer Radtour überprüfen:

1. **Funktioniert die Klingel?**
2. **Ist die Kette richtig gespannt und geschmiert?**
3. **Funktioniert die Schaltung?**
4. **Sind die Bremszüge in Ordnung?**
5. **Sind die Bremsbeläge nicht abgefahren?**
6. **Ist das Profil der Reifen noch in Ordnung?**
7. **Ist genug Luft in den Reifen?**
8. **Funktionieren Vorder- und Rücklicht?**

Bei einem „Achter" haben sich Speichen gelockert oder sind gebrochen. Das Rad verformt sich und „eiert". Die Speichen müssen ersetzt oder neu gespannt werden. Auf dem Zentrierständer wird das Laufrad wieder so eingestellt, dass es gerade und rund läuft.

In der Fahrradwerkstatt

Die Kinder freuen sich. Nächsten Sonntag wollen Mias und Tobias' Eltern eine Radtour machen. Michael und Clarissa dürfen auch mit. Sie wollen zu dem Trial-Wettkampf fahren, an dem auch Max Zisch teilnimmt. Das ist ein Geschicklichkeitsrennen, bei dem jeder Fahrer zeigen muss, wie gut er sein Fahrrad beherrscht. Bevor es losgeht, lässt Tobias sein Fahrrad von Max reparieren. „Was ist denn kaputt?“, fragt Mia, die ihn begleitet. „Na ja“, sagt Tobias, „ich glaube, ich habe einen Achter im Vorderrad, weil ich doch vor kurzem mit einem Müllcontainer zusammengestoßen bin!“ Mia muss lachen. Typisch Tobias! Max repariert den Achter und sieht sich das Rad auch sonst genau an. „Eine Radtour macht nur Spaß, wenn alles in Ordnung ist“, sagt er.

Beim Packen heißt es: nicht so viel wie möglich, sondern so wenig wie notwendig mitzunehmen. Egal ob man Fahrradtaschen oder einen Rucksack mitnimmt, man sollte sie nie ganz voll packen, damit man unterwegs noch etwas dazupacken kann.
Um das Fahrrad gegen Diebe zu sichern, eignen sich Bügelschlösser oder Kabelschlösser mit dickem Drahtseil.

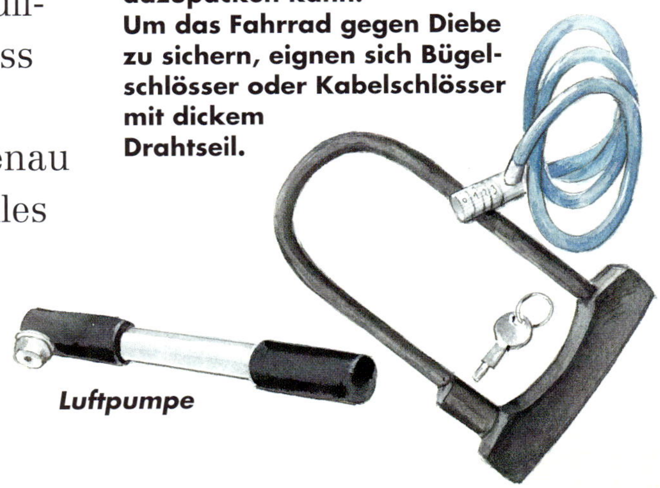

Im Werkzeugtäschchen des Fahrrades sollten ein 10er und ein 12er Gabelschlüssel, ein Schraubenzieher, Reifenheber und Flickzeug sein. Zu Hause sollte man Inbusschlüssel, weitere Gabelschlüssel, Zentrierschlüssel, Kettennieter, Kurbelschlüssel und Kurbelabzieher haben.

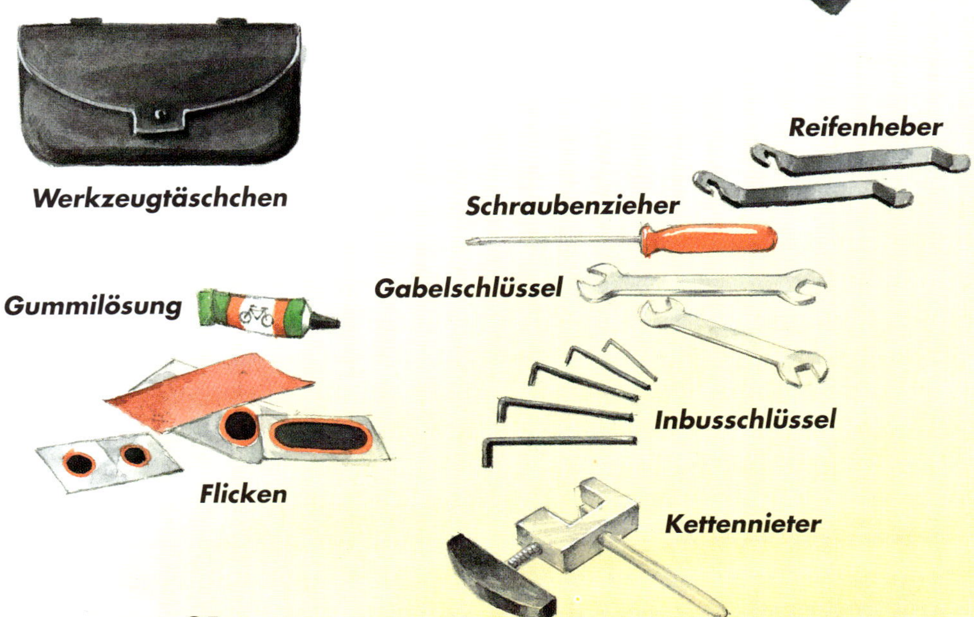

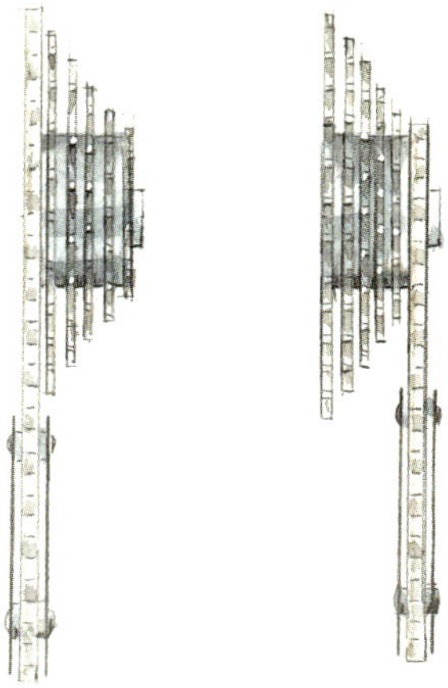

Ritzel mit Leitrollen von hinten. Einmal liegt die Kette auf dem größten, einmal auf dem kleinsten Ritzel.

Die Gangschaltung hilft dir auch Steigungen zu bewältigen. Die Kette verbindet die vorderen Kettenblätter und die hinteren Ritzel (Zahnräder). Schaltest du auf das große Kettenblatt und das kleinste Ritzel, so fährst du im schnellsten Gang und brauchst viel Kraft. Fährst du auf dem kleinen Kettenblatt und dem größten Ritzel, bist du zwar langsam, kannst aber ohne große Mühe einen Berg hinauffahren.

Mit dem Drehgriffschalter kannst du während der Fahrt die Übersetzung ändern.

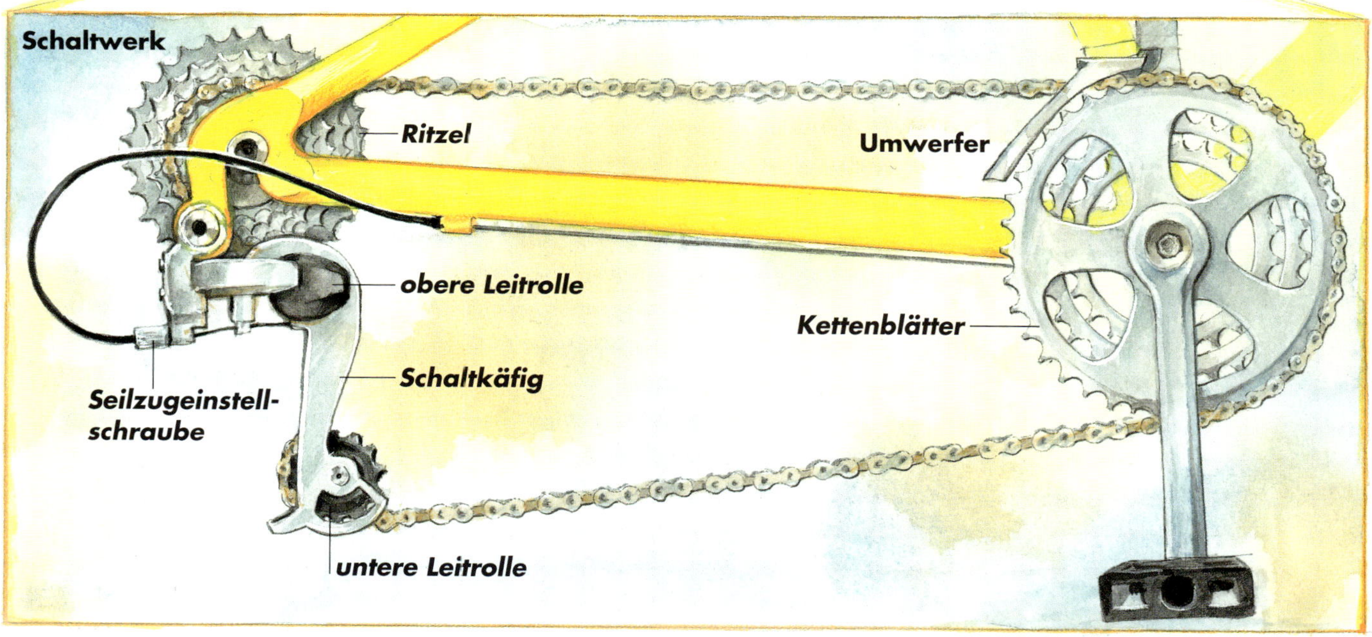

Über das Schaltwerk wird die Kette nach dem Schalten am Drehgriff von einem Ritzel auf das nächste gezwungen. Wichtig ist, dass das Schaltseil immer unter der richtigen Spannung steht. Diese kann man mit der Seilzugeinstellschraube verändern.

Der Schaltkäfig des Schaltwerks legt die Kette auf die Ritzel. Der Schaltkäfig darf sich nicht über die Ritzel hinausbewegen, sonst kann die Kette abgehen. Deshalb müssen in jedem Gang die Leitrollen senkrecht unter dem jeweiligen Ritzel stehen.

Der Umwerfer „wirft“ die Kette von einem Kettenblatt des Tretlagers zum anderen. Er muss immer so eingestellt sein, dass die Kette weder vom kleinen noch vom großen Kettenblatt abspringen kann.

Die Gangschaltung

Tobias und Mia gefällt es in Max' Werkstatt. Vor allem, weil sie lernen, selbst etwas an ihren Rädern zu machen. „Ich glaube, bei deiner Gangschaltung stimmt etwas nicht", sagt Max. „Das Schaltwerk befördert die Kette über die Ritzel – also die Zahnräder am Hinterrad – hinaus. Das ist gefährlich, weil die Kette so leicht abfallen und in die Speichen geraten kann." Max nimmt Tobias' Fahrrad und hängt es auf den Montageständer. Er kontrolliert Schaltwerk und Umwerfer und stellt die Gangschaltung neu ein.

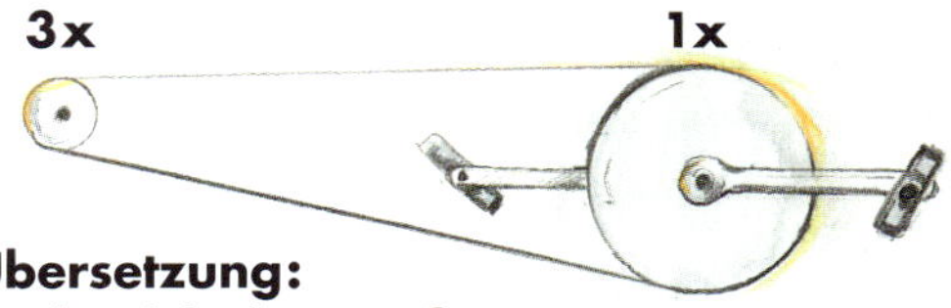

Übersetzung: Dreht sich das große Kettenblatt einmal, macht das hintere Ritzel drei Umdrehungen. So dreht sich mit einem Mal Treten das Hinterrad gleich dreimal.

Mountainbikes und Rennräder haben meist Kettenschaltungen mit bis zu 27 Gängen. Viele Kinderräder und Citybikes haben eine Nabenschaltung mit drei, fünf oder sieben Gängen. Sie funktioniert durch ein Getriebe im Inneren der Hinterradnabe. Vorteil: Diese Räder haben eine Rücktrittbremse.

Abgefahrene Bremsklötze oder gerissene Bremskabel sind sehr gefährlich! Sie müssen regelmäßig kontrolliert werden. Immer daran denken: Bei Regen verlängert sich der Bremsweg um die Hälfte!

Wenn eine Kette lange nicht mehr geschmiert wurde, können die Kettenglieder steif werden. Dann springt die Kette leicht über die Ritzel und kann abfallen. Bevor du sie mit einem Tuch wieder auf Ritzel und Kettenblatt legst, solltest du die steifen Glieder mit Sprühöl gängig machen.

Bremsen, Kette und Licht

„So, nun müsste mit deinem Rad alles in Ordnung sein“, sagt Max und übergibt Tobias sein Fahrrad. Die Kinder bedanken sich und fahren nach Hause. „An so einem Fahrrad ist ganz schön viel dran, was kaputtgehen kann“, meint Mia. „Weißt du noch, wie Clarissa beinahe meinen Papa umgefahren hätte, weil ihre Bremsbeläge abgefahren waren?“
„Ja, und bei mir ging dauernd die Kette ab. Erst als wir sie gekürzt haben, war das Problem beseitigt“, erzählt Tobias. „Nur mein Licht war noch nie kaputt“, sagt Mia. „Allerdings bin ich auch erst einmal nachts mit meinem Fahrrad unterwegs gewesen!“

Kette und Ritzel solltest du regelmäßig mit Wasser, Tuch und Zahnbürste reinigen. Danach kannst du die Einzelteile der Kette, der Schaltung und der Bremse mit Sprühöl schmieren. Nimm nicht zu viel, sondern schmiere lieber häufiger!

Bei einer Felgenbremse verläuft das Bremskabel vom Bremshebel am Lenker zur Bremse. Beim Anziehen des Bremshebels werden über das Kabel die beiden Bremsarme bewegt und drücken die Bremsklötze an die Felge. Dadurch wird das Rad abgebremst und kommt zum Stehen. Jedes Fahrrad hat eine Vorder- und eine Hinterradbremse.

So funktioniert die Lichtanlage: Die Reibrolle des Dynamos dreht sich mit dem Reifen. Durch diese Drehung wird im Dynamo Strom erzeugt. Der Strom wird über Kabel zu den Scheinwerfern geleitet.

Zusätzlich zu Dynamos dürfen batteriebetriebene Lichtanlagen benutzt werden. Sie leuchten auch dann, wenn das Fahrrad steht. Allerdings müssen die Batterien oft nachgeladen werden.

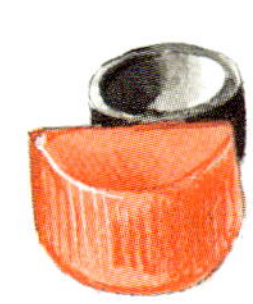

So schaltest du richtig

Auf ebener Strecke benutzt man die mittleren Gänge. Sie laufen über das mittlere Kettenblatt und die mittleren Ritzel. Bei einer leichten Steigung nimmst du die etwas größeren Ritzel. Beim Beschleunigen wechselst du auf die kleineren Ritzel.

Beim Bergabfahren schaltest du am besten in einen hohen Gang. Die Kette läuft über das große Kettenblatt und ein kleines Ritzel. Zum Treten auf der Ebene brauchst du jetzt sehr viel Kraft. Bei einer Abfahrt kannst du jedoch zusätzlich beschleunigen.

Auf der Radtour

Endlich geht's los! Nachdem die Eltern und die Kinder die Stadt rasch hinter sich gelassen haben, fahren sie nun auf Nebenwegen in Richtung Trial-Wettkampf. Tobias fährt wie immer weit voraus. „Mal sehen, ob er in einer Stunde immer noch so fit ist", meint Mias Vater. „Bei dem Tempo hat er bald all seine Kraftreserven aufgebraucht!" Doch Tobias fährt und fährt. Erst als eine lange Steigung kommt, macht er plötzlich schlapp. Mia, Clarissa und Michael haben noch Kraft und überholen Tobias. Das letzte Stück muss er sogar schieben. Als Mias Vater Tobias' roten Kopf sieht, beschließen sie, eine kleine Pause zu machen. Alle trinken etwas und essen eine Kleinigkeit. Dann geht es weiter. Tobias bleibt nun bei den anderen und fährt in gleichmäßigem Tempo weiter. Eigentlich ist es so auch viel lustiger, weil man sich während der Fahrt unterhalten kann.

Zum Bergauffahren schaltet man auf das kleinste Kettenblatt und die größten Ritzel. Je steiler der Berg – desto größer das Ritzel. Du musst zwar jetzt viel treten, brauchst dabei aber nicht allzu viel Kraft.

Im Wiegetritt fährt man steile Berge hinauf. Dabei fährt der Radfahrer im Stehen und verlagert sein Körpergewicht beim Treten abwechselnd von rechts nach links. Gleichzeitig zieht er im entgegengesetzten Rhythmus am Lenker: Ist das Körpergewicht links, zieht er an der rechten Lenkerhälfte und umgekehrt.

Beim Fahrrad-Trial geht es darum, einen vorgegebenen Wegabschnitt voller Hindernisse auf dem Fahrrad hinter sich zu bringen. Ohne Hilfsmittel müssen Steine, Baumstämme, Wassergräben und anderes überwunden werden. Wer sich mit den Füßen abstützt, wird mit Punkten bestraft. Sieger ist, wer die wenigsten Strafpunkte hat.

Beim Fahrrad-Wettkampf

„Da kommt Max!“, ruft Clarissa. Die Kinder beobachten, wie Max auf seinem Trial-Rad in die Absperrung hineinfährt. Er trägt Helm, Handschuhe und Schienbeinschoner. Max muss verschiedene Aufgaben erfüllen. „Wahnsinn, das könnte ich nie!“, sagt Michael, als Max stehen bleibt, sein Vorderrad anhebt und seitwärts auf einen flachen Steinblock springt. „Das war ein Side-Hop“, weiß Tobias. „Hoffentlich setzt er beim Hüpfen über die Steinblöcke keinen Fuß auf den Boden!“, bangt Mia. Max hat sein Fahrrad gut im Griff. Nur in der letzten Kurve rutscht ihm das Hinterrad weg und er muss einen Fuß auf den Boden setzen. „Schade, das gibt einen Punkt!“, seufzt Tobias. Doch Max hat seine Sache gut gemacht. Am Ende des Rennens gehört er zu den fünf besten Fahrern – und Mia, Tobias, Clarissa und Michael sind die Ersten, die ihm gratulieren.

Crosscountry-Rennen sind Querfeldein-Rennen auf dem Mountainbike. Im Gelände wird ein längerer Rundkurs abgesteckt, der aus breiten Wegen, schmalen Pfaden und steilsten Anstiegen besteht. Alle Teilnehmer starten gleichzeitig. Sieger ist, wer als Erster die Ziellinie überquert.

Downhill ist englisch und bedeutet: bergab. Darunter versteht man Mountainbike-Rennen, die über steilste Pfade und Felsbrocken vom Berg ins Tal führen. Dabei werden bis zu 80 km/h erreicht. Wegen der hohen Sturzgefahr tragen Downhill-Fahrer eine richtige „Rüstung“.

Vorderradausbau

Das Rad wird auf Lenker und Sattel gestellt. Vor dem Ausbau der Laufräder muss das Bremskabel mancher Felgenbremsen ausgehängt werden, damit der Reifen an den Bremsgummis vorbeikommt. Dann wird der Schnellspanner geöffnet und das Vorderrad aus der Gabel gezogen.

Die Panne

Das war ein aufregender Tag! Auf der Heimfahrt gehen die Kinder noch einmal jede Einzelheit des Rennens durch. Vor lauter Erzählen merkt Mia gar nicht, dass ihr Vorderreifen immer mehr Luft verliert. Erst als sie beinahe auf der Felge fährt, wird ihr klar, dass sie eine Panne hat. „Wartet!“, ruft sie den anderen hinterher. Ihr Vater hält. „Wer sein Rad liebt, der schiebt!“, meint er lachend. „Zum Glück sind wir gleich zu Hause. Da kann ich euch gleich zeigen, wie man einen Schlauch flickt.“ Und das macht Mias Vater dann auch. Die Kinder haben viel Spaß – vor allem mit dem Wasser, das sie brauchen, um das Loch im Schlauch zu finden. Und Tobias hält die lustige Aktion mit seinem Fotoapparat fest.

1

2

3

4

5

So wird ein Reifen repariert

- **Bild 1: Mit den Reifenhebern hebelst du den Mantel über den Felgenrand. Beginne an der Seite, die dem Ventil gegenüberliegt. Nun wird der Schlauch mit dem Ventil zuerst aus dem Mantel herausgezogen.**
- **Bild 2: Pumpe den Schlauch auf und tauche ihn in eine Schüssel mit Wasser. Wo Luftblasen aufsteigen, sind Löcher. Markiere sie und trockne den Schlauch ab.**
- **Bild 3: Nun wird der Gummi um die Löcher herum mit Sandpapier angeraut. Dann wird eine dünne Schicht Gummilösung aufgetragen.**
- **Bild 4: Sobald der Kleber angetrocknet ist, ziehst du die Folie vom Flicken ab und presst ihn auf das Loch. Jetzt pumpst du den Schlauch etwas auf, führst das Ventil durch das Loch in der Felge und legst den Schlauch in den Mantel ein.**
- **Bild 5: Nun wird der Mantel rundum über den Felgenrand gedrückt. Aufpumpen. Fertig!**

Lies mal weiter!

Wer erfand das Fahrrad?

Die ersten Fahrräder waren Laufräder. Zwei Räder wurden durch einen Holzbalken verbunden. Auf diesem Balken saß ein „Reiter", der sich mit den Füßen vom Boden abstieß. Die ersten Laufräder konnte man nicht lenken. Das änderte 1817 der deutsche Forstmeister und Erfinder Karl Freiherr von Drais. Er machte das Vorderrad eines Laufrades lenkbar und entdeckte, dass das Gefährt so nicht mehr zum Umkippen neigte. Seine Draisinen gelten als Vorläufer der modernen Fahrräder. Allerdings waren sie kein Fahrzeug für jedermann, denn dafür waren die Straßen viel zu holprig.

Die Laufräder aus Holz waren sehr schwer. Im Jahre 1839 baute der schottische Schmied Kirkpatrick Macmillan das erste Fahrrad aus Metall. Es wog nur 25 kg. Das war sehr leicht, wenn man bedenkt, dass es auch heute noch viele Räder gibt, die 15 bis 20 kg wiegen.

Mit der Erfindung der Tretkurbel, die an das Vorderrad einer Draisine gebaut wurde, begann der Siegeszug des Fahrrades. Nun wurde das Rad durch Treten angetrieben. Der Kutschenbauer Pierre Michaux stellte zwischen 1860 und 1870 die ersten Tretkurbeln in Serie her. Das Gefährt wurde „Veloziped" genannt.

Bei den Fahrrädern, deren Pedale an die Vorderräder montiert waren, galt: Je größer das Vorderrad, desto größer der Weg, der pro Kurbelumdrehung zurückgelegt wurde. Deshalb entstanden die mannshohen Hochräder. Der Fahrer saß wie ein Akrobat fast senkrecht über dem Vorderrad. Als Stütze diente ihm ein winzig kleines Hinterrad. Das Auf- und Absteigen war eine komplizierte Angelegenheit. Und auch das Fahren auf Hochrädern war sehr gefährlich, weil jedes kleinste Steinchen, das man überfuhr, zu einem Sturz führen konnte.

Sehr viel sicherer waren die Dreiräder. In einigen dieser pedalbetriebenen Gefährte konnte man sogar zu zweit fahren und miteinander plaudern.

Ab 1885 wurde das „Sicherheitsfahrrad" des Engländers John K. Starley verkauft. Es war das erste moderne Fahrrad und besaß zwei gleich große Räder. Der Antrieb erfolgte über eine Kette auf das Hinterrad. Mit diesem Rad konnte man Unebenheiten überfahren, ohne dass der Fahrer kopfüber auf der Straße landete. Ein weiterer Vorteil waren die Bremsen, mit denen das Fahrrad versehen war. Allerdings war das Fahren eine holprige Angelegenheit. 1888 erfand John B. Dunlop den ersten luftgefüllten Reifen. Diese Reifen sorgten für gute Stoßdämpfung und eine höhere Fahrgeschwindigkeit.

Die Tour de France

Das wohl berühmteste Fahrradrennen der Welt ist die Tour de France. Jedes Jahr im Juli starten viele Teams von Rennfahrern und umrunden in mindestens zwanzig Etappen ganz Frankreich. Das sind etwa 3500 bis 4000 Kilometer – eine enorme Belastung für Fahrer und Räder. Viele sind den körperlichen Anstrengungen nicht gewachsen und geben unterwegs auf. Der beste Fahrer in der Gesamtwertung darf im gelben Trikot fahren. Die erste Tour de France wurde am 1. Juli 1903 in der Nähe von Paris gestartet. Etwa 60 Rennfahrer nahmen daran teil. Seitdem wird das Rennen – mit Ausnahme weniger Unterbrechungen – jedes Jahr gefahren.

Worterklärungen

Dynamo: Minikraftwerk, das man an den Vorderreifen des Fahrrades klappt. Durch die Drehung des Vorderrades wird die Rolle des Dynamos angetrieben. Diese wiederum überträgt ihre Kraft auf einen kleinen Generator im Inneren des Dynamos. Der Generator wandelt die Kraft in Strom um und leitet über zwei Drähte den Strom zum vorderen Scheinwerfer und zum Rücklicht.

Felge: Metallreifen mit Löchern für die Speichen und einem Loch für das Ventil. Im Felgenbett liegt der Schlauch. Der Mantel wird durch die Felgenhörner gehalten.

Freilauf: Der Freilauf ist ein Sperrklinkenmechanismus in der Hinterradnabe. Er unterbricht für die Zeit, in der du nicht in die Pedale trittst, die feste Verbindung zwischen Tretkurbel und Hinterrad. Die Pedale bleiben ruhig, während sich das Hinterrad weiterdreht. Ohne Freilauf wäre das Fahrradfahren ziemlich anstrengend und gefährlich. Früher waren Tretkurbel und Hinterrad durch die Kette fest miteinander verbunden. Der Radfahrer musste andauernd treten – oder seine Füße von den Pedalen nehmen.

Inbusschlüssel: Werkzeug zum Lösen und Anziehen von Innensechskantschrauben.

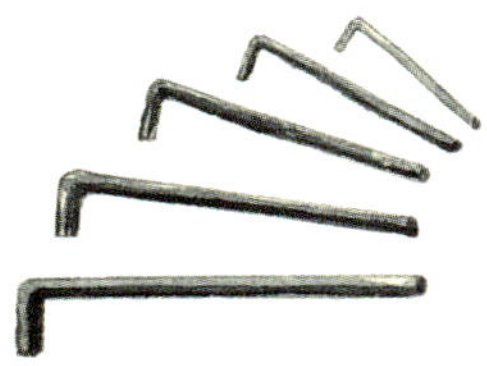

Kettenblatt: Zahnrad, das an der rechten Tretkurbel befestigt ist.

Kettenschaltung: Gangschaltung, bei der die Kette auf verschieden große Ritzel und Kettenblätter gelegt wird.

Laufrad: Anderes Wort für Vorder- oder Hinterrad.

Nabe: Mittelteil eines Laufrades. Die Achse der Nabe verbindet Rad und Rahmen miteinander. Die Speichen führen von der Nabe zur Felge.

Nabenschaltung: Gangschaltung, bei der die verschiedenen Gänge über ein Getriebe im Inneren der Hinterradnabe eingestellt werden.

Mantel: Anderes Wort für Reifen.

Reifenheber: Hebel zum Lösen und Aufziehen des Mantels von der Felge.

Ritzel: Zahnrad, das am Hinterrad befestigt ist.

Rücktrittbremse: Bremse am Hinterrad, die über die Pedale betätigt wird.

Schnellspanner: Mit Hilfe dieses Hebels kann man ohne Werkzeug die Laufräder oder den Sattel festklemmen oder lösen.

Speichen: Stahldraht, der Nabe und Felge miteinander verbindet.

Schlauch: Teil der Bereifung. Es ist ein runder Luftschlauch aus Gummi, in den ein Ventil eingeschraubt wurde.

Fahrradquiz

1. Bis zu welchem Alter dürfen Kinder auf dem Gehweg Fahrrad fahren?

a) bis zur Einschulung

b) bis 18 Jahre

c) bis 10 Jahre

2. Du fährst mit dem Rad auf ein Stopp-Schild zu. Was tust du?

a) Ich halte auf jeden Fall an und lasse Fahrzeuge, die Vorfahrt haben, vorbei. Ist alles frei, fahre ich weiter.

b) Ich schaue mich gründlich um. Kommt kein Fahrzeug, fahre ich auch ohne anzuhalten weiter.

c) Das Stopp-Schild gilt nur für Autofahrer. Ich als Radfahrer habe immer Vorfahrt.

3. Was ist ein Long John?

a) ein Fahrrad für zwei Personen

b) ein Lastenfahrrad

c) ein Liegefahrrad

4. Was muss man beim Packen vor einer Radtour beachten?

a) Ich nehme möglichst viel mit, damit ich für alle Fälle gerüstet bin.

b) Weniger ist mehr. Ich nehme nur das Notwendigste an Werkzeug, Verpflegung und Kleidung mit.

c) Ich sorge dafür, dass ich genügend zu essen und trinken dabeihabe.

5. Wie viele Gänge können Mountainbikes und Rennräder haben?

a) bis zu 12 Gänge

b) bis zu 18 Gänge

c) bis zu 27 Gänge

6. Was ist ein Downhill-Rennen?

a) ein Bergab-Rennen

b) ein Straßenrennen in England

c) ein Geschicklichkeitswettbewerb auf dem Fahrrad

Lösungen: 1c; 2a; 3b; 4b; 5c; 6a

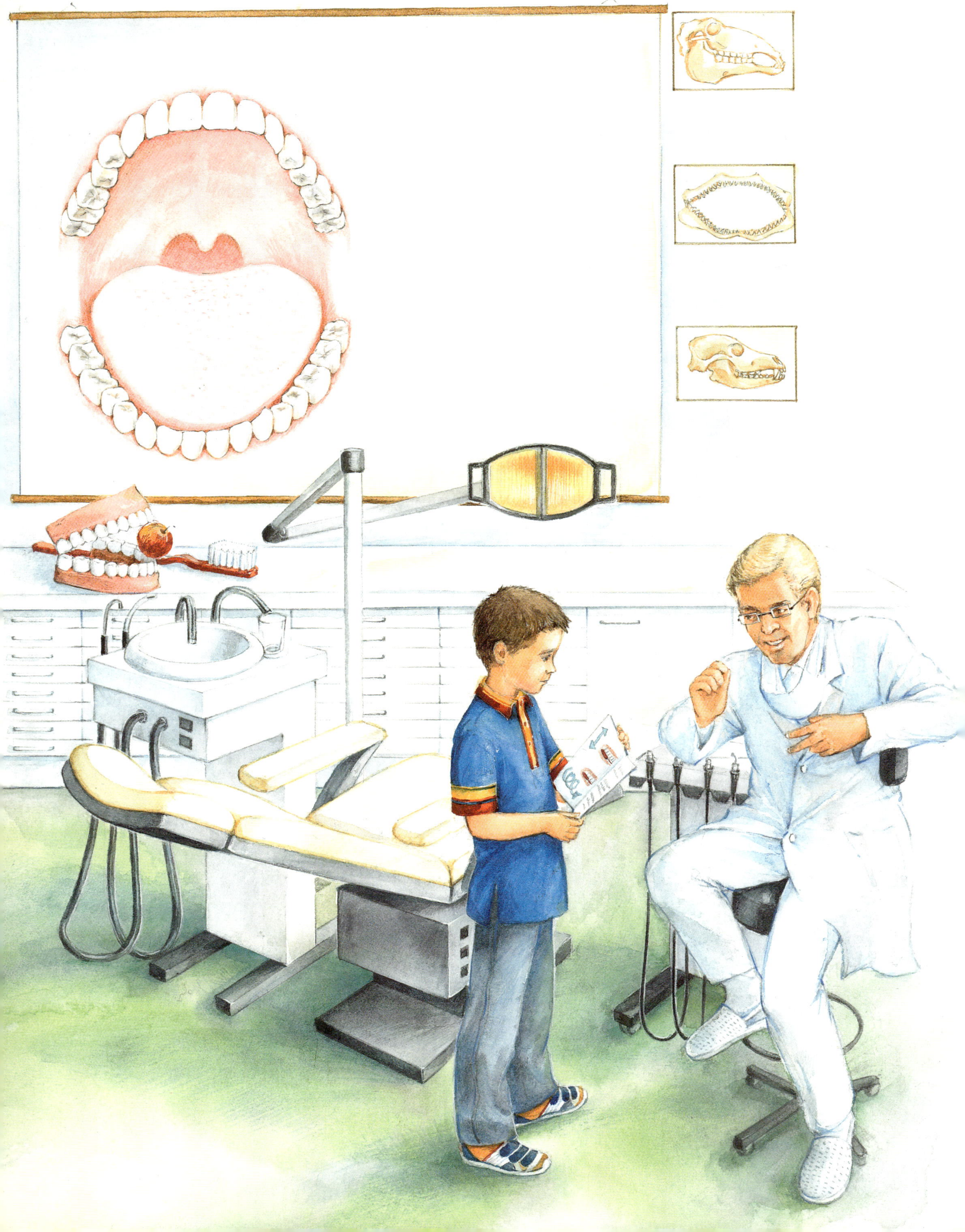

Unser Körper

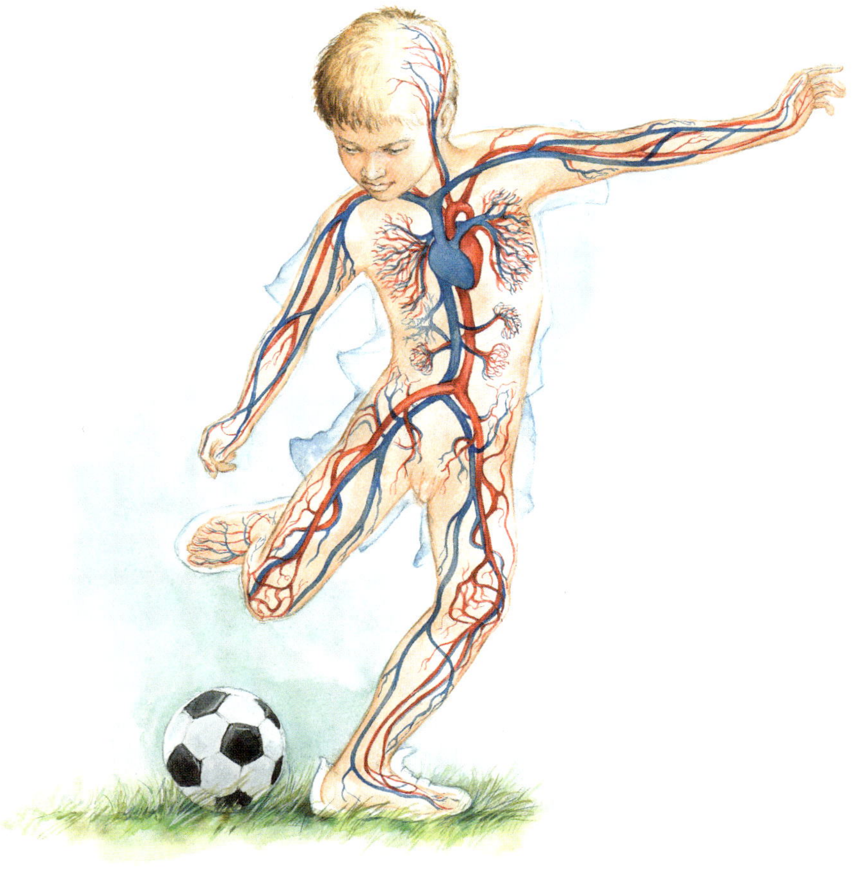

Der Schnupfen

Ein Schnupfen hockt auf der Terrasse,
auf dass er sich ein Opfer fasse

– und stürzt alsbald mit großem Grimm
auf einen Menschen namens Schrimm.

Paul Schrimm erwidert prompt: „Pitschü!"
Und hat ihn drauf bis Montag früh.

Christan Morgenstern

Inhalt

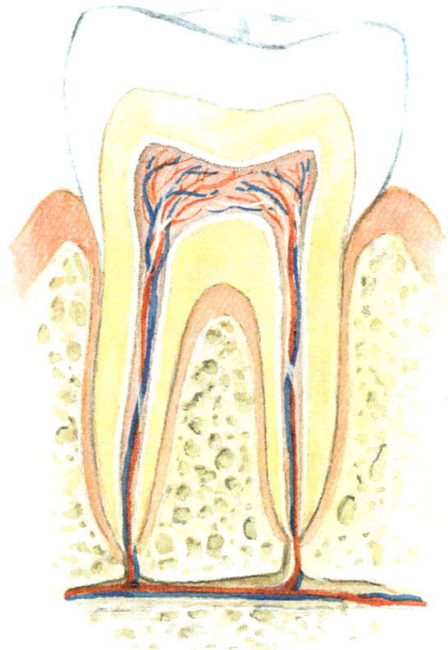

Wunderwerk Körper

Philipp fährt gerne Fahrrad – eine tolle Maschine, mit der er schnell vorwärts kommt. Aber ohne Philipps Beine, die in die Pedale treten, ohne seine Arme, die den Lenker bewegen, ohne sein Gehirn, das den Weg bestimmt, könnte das Rad keinen Meter fahren.
Alle Organe, die Gliedmaßen, die Nerven und das Gehirn arbeiten zusammen, damit unser Körper gut funktioniert – solange wir gesund sind!

Über das Gehirn, das Rückenmark und die Nervenbahnen wird unser Körper gesteuert. Ohne sie könnten wir nichts denken, fühlen, empfinden oder tun – nicht einmal atmen. Die Nervenbahnen haben zwei Aufgaben: Sie leiten Wahrnehmungen von außen (zum Beispiel Sehen, Hören, Berührungen) an das Gehirn und übermitteln „Befehle“ vom Gehirn an die Muskeln und Organe (zum Beispiel beim Atmen, Laufen, Verdauen).

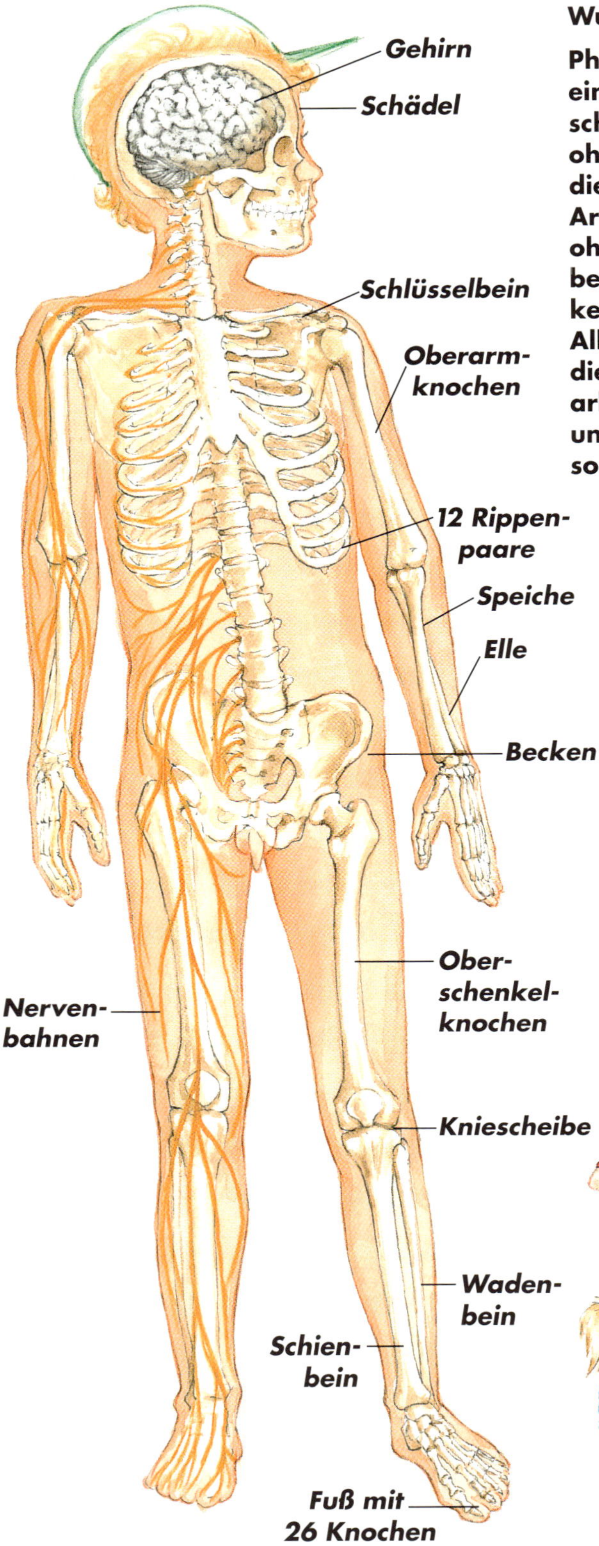

Das Skelett mit dem Gehirn und den Nervenbahnen

Das Gehirn besteht aus dem Großhirn, dem Kleinhirn und dem Hirnstamm.

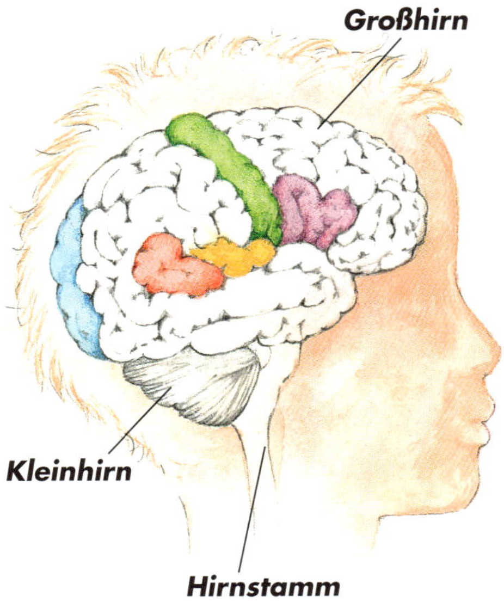

Wie sieht´s in meinem Körper aus?

Philipp fährt mit seinem Rad nach Hause. „Hallo, Philipp, kommst du heute Nachmittag zum Fußballspielen?“, ruft Jan von der anderen Straßenseite.

Philipp schaut zu ihm hinüber und da passiert es schon: Er gerät mit dem Vorderrad an den Bordsteinrand, verliert das Gleichgewicht und fällt. Au!! Tut das Bein weh! Mit dem Krankenwagen wird Philipp ins Krankenhaus gebracht.

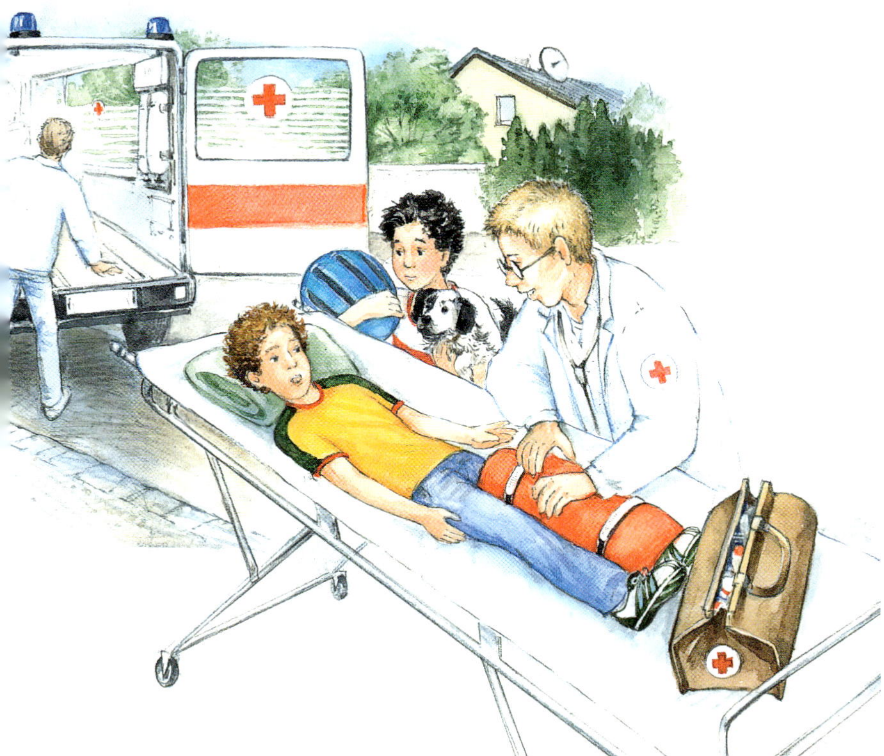

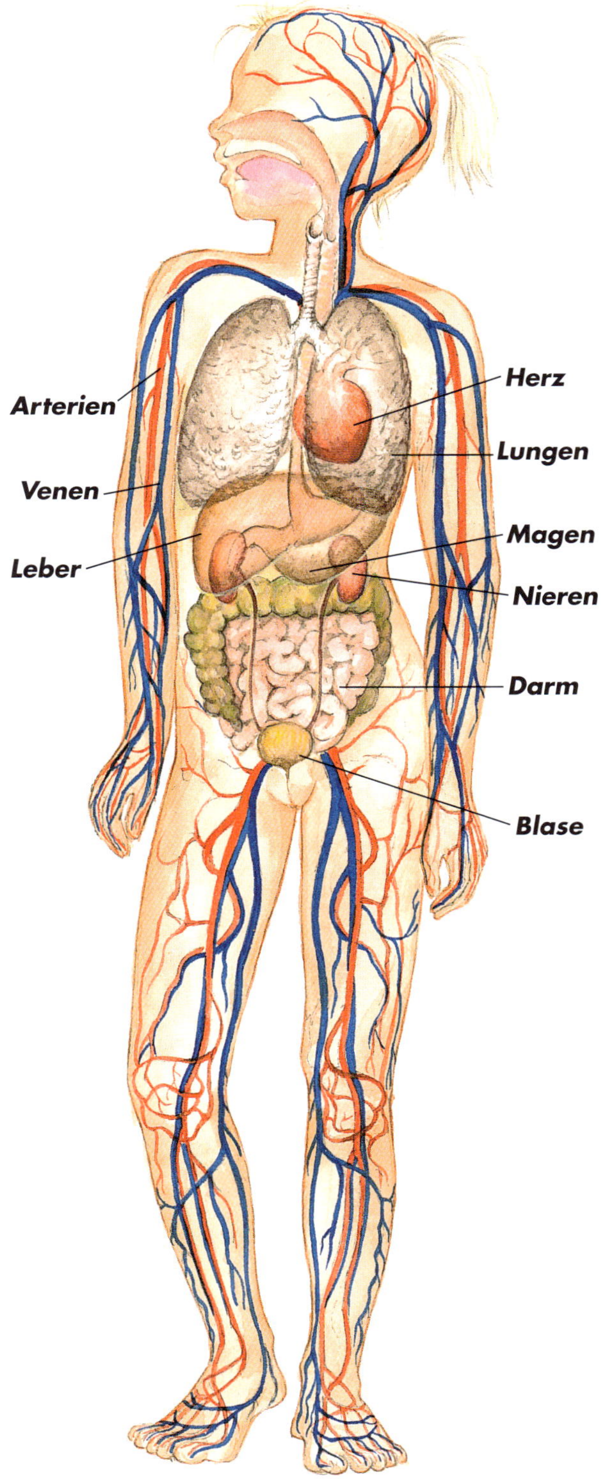

Das Herz pumpt Blut durch die Adern in alle Körperteile.

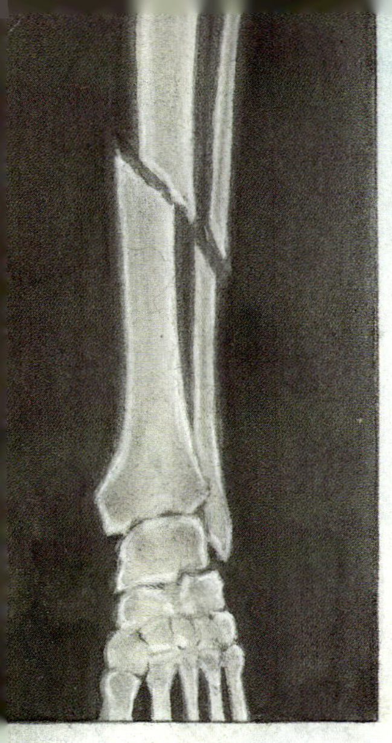

Mithilfe der Röntgenstrahlen kann man in das Innere des Körpers sehen.

So heilt ein Knochenbruch

Um die Bruchstelle bildet sich mit der Zeit neues Gewebe. Der Knochen wird an dieser Stelle dicker. Sobald er zusammengewachsen ist, bauen andere Zellen das überflüssige Knochengewebe wieder ab.

Der Gips stützt die Knochen im Bein, sodass sie wieder richtig zusammenwachsen können.

Was hält uns aufrecht? – Knochen und Muskeln

Im Röntgenraum warten schon die besorgten Eltern. Philipps Bein wird geröntgt. Wenig später kommt der Arzt mit der Aufnahme. „Siehst du“, sagt er, „hier ist dein Bein gebrochen. Du wirst jetzt einen Gips bekommen und dann ein paar Tage bei uns im Krankenhaus bleiben. In etwa sechs Wochen kannst du wieder Fußball spielen.“

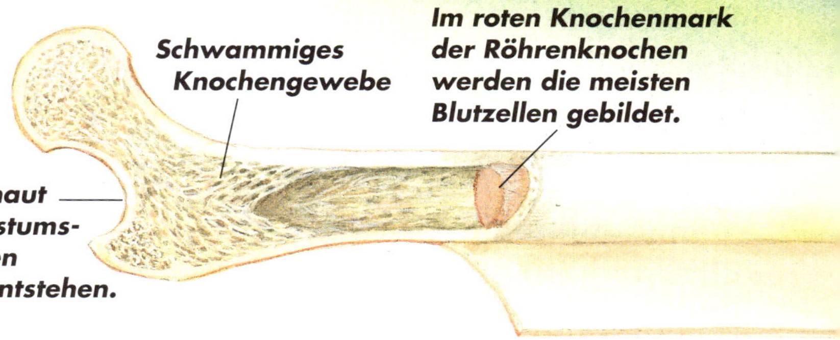

Wozu haben wir Muskeln?

Die meisten Muskeln bewegen die Knochen mit den Gelenken. Diese Muskeln können wir mit unserem Willen steuern. Andere Muskeln befinden sich in den Organen und unter der Haut. Sie arbeiten, ohne dass wir es merken. Wusstest du, dass du 17 Muskeln brauchst, um zu lächeln?

Was hält uns aufrecht?

Ohne Knochen würden wir wie ein leerer Sack zusammenfallen. Unser Skelett ist das Gerüst, in dessen Schutz die inneren Organe und das Gehirn arbeiten. Über Gelenke und Sehnen sind die Knochen mit den Muskeln verbunden. Mit ihrer Hilfe können wir uns bewegen.

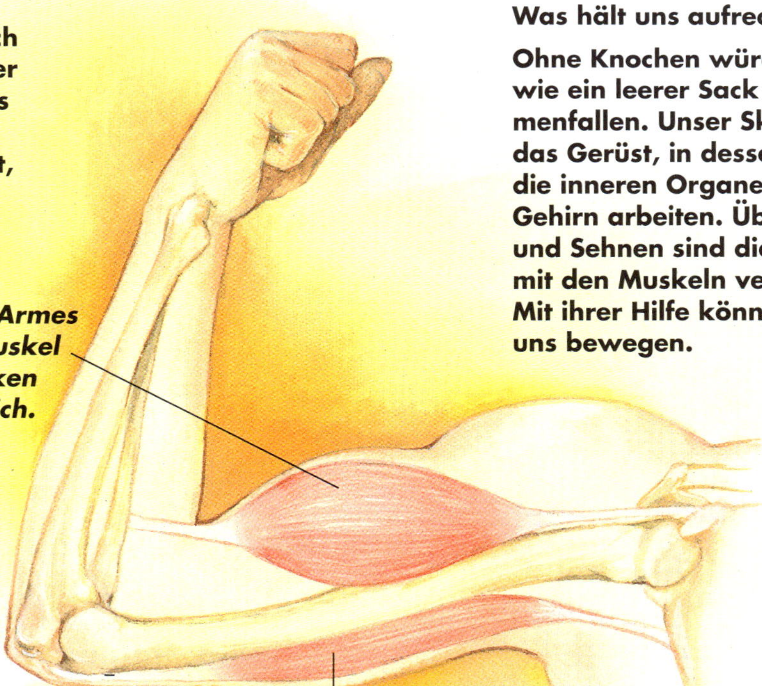

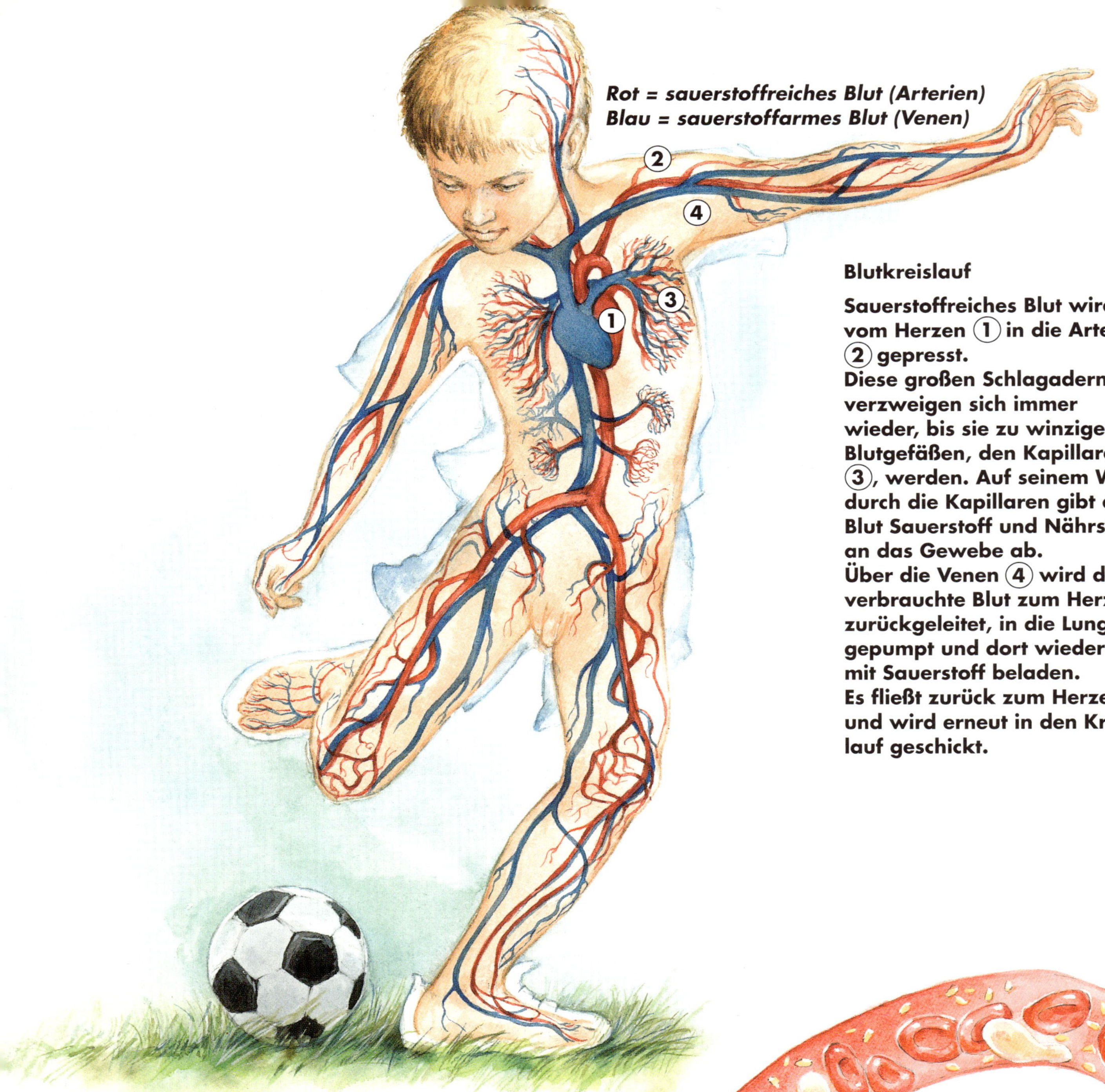

Blutkreislauf

Sauerstoffreiches Blut wird vom Herzen ① in die Arterien ② gepresst. Diese großen Schlagadern verzweigen sich immer wieder, bis sie zu winzigen Blutgefäßen, den Kapillaren ③, werden. Auf seinem Weg durch die Kapillaren gibt das Blut Sauerstoff und Nährstoffe an das Gewebe ab. Über die Venen ④ wird das verbrauchte Blut zum Herzen zurückgeleitet, in die Lungen gepumpt und dort wieder mit Sauerstoff beladen. Es fließt zurück zum Herzen und wird erneut in den Kreislauf geschickt.

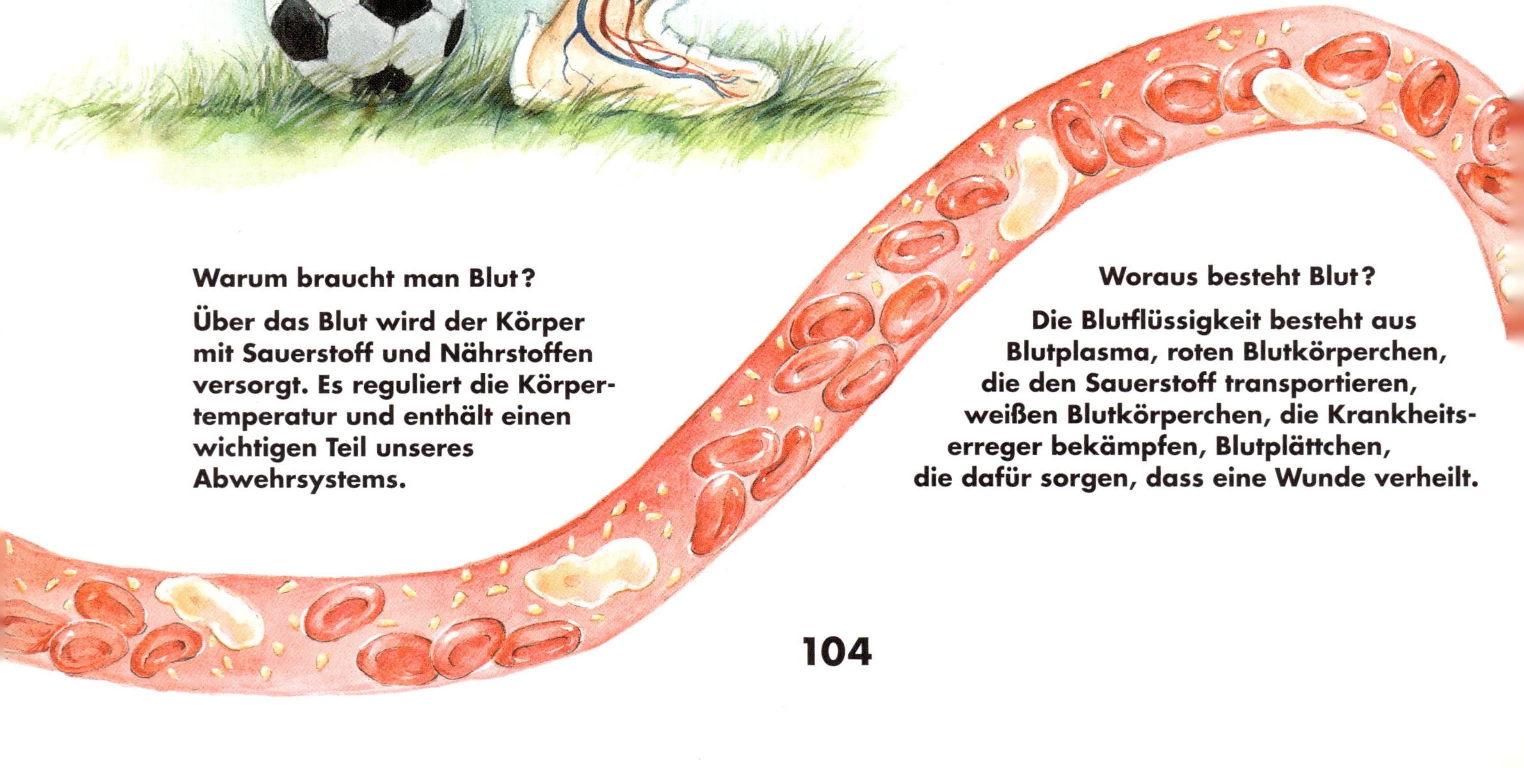

Warum braucht man Blut?

Über das Blut wird der Körper mit Sauerstoff und Nährstoffen versorgt. Es reguliert die Körpertemperatur und enthält einen wichtigen Teil unseres Abwehrsystems.

Woraus besteht Blut?

Die Blutflüssigkeit besteht aus Blutplasma, roten Blutkörperchen, die den Sauerstoff transportieren, weißen Blutkörperchen, die Krankheitserreger bekämpfen, Blutplättchen, die dafür sorgen, dass eine Wunde verheilt.

Warum wird Philipp rot? – Herz und Blutkreislauf

Nach zwei Tagen im Krankenhaus geht es Philipp schon besser. Er bekommt einen Rollstuhl und wird ins Spielzimmer geschoben. Philipp schaut sich um. Ein Mädchen spielt dort in einer Ecke. Philipp sieht sie unentwegt an. Plötzlich fragt ihn das Mädchen: „Warum starrst du mich denn dauernd an? Erzähl mir lieber, was mit deinem Bein passiert ist." Philipp spürt, wie ihm das Blut in den Kopf schießt und er rot wie eine Tomate wird. Aber dann erzählt er Lina von seinem Unfall und dass er jetzt viel lieber draußen Fußball spielen würde.

Warum wird Philipp rot?

Wenn wir aufgeregt sind oder uns etwas peinlich ist, erweitern sich die Blutgefäße unter der Haut und füllen sich mit mehr Blut. Besonders im Gesicht und am Hals wird man sehr rot.

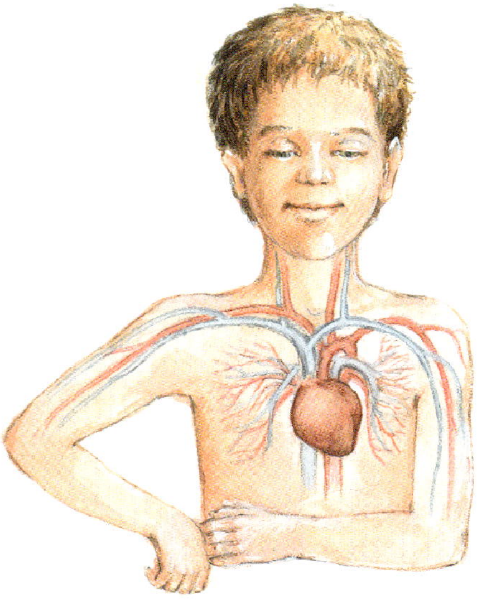

Das Herz ist die Pumpe, die unseren Kreislauf in Schwung hält. Es schlägt ohne Pause von unserer Geburt bis zum Tod – am Tag etwa 100 000-mal! Das Herz ist ein faustgroßer Muskel, der Blut durch den ganzen Körper pumpt und jede Zelle mit Nahrung und Sauerstoff versorgt.
Die linke Herzhälfte erhält sauerstoffreiches Blut aus der Lunge und pumpt es durch den ganzen Körper. Die rechte Hälfte erhält verbrauchtes, sauerstoffarmes Blut und pumpt es zurück in die Lunge.

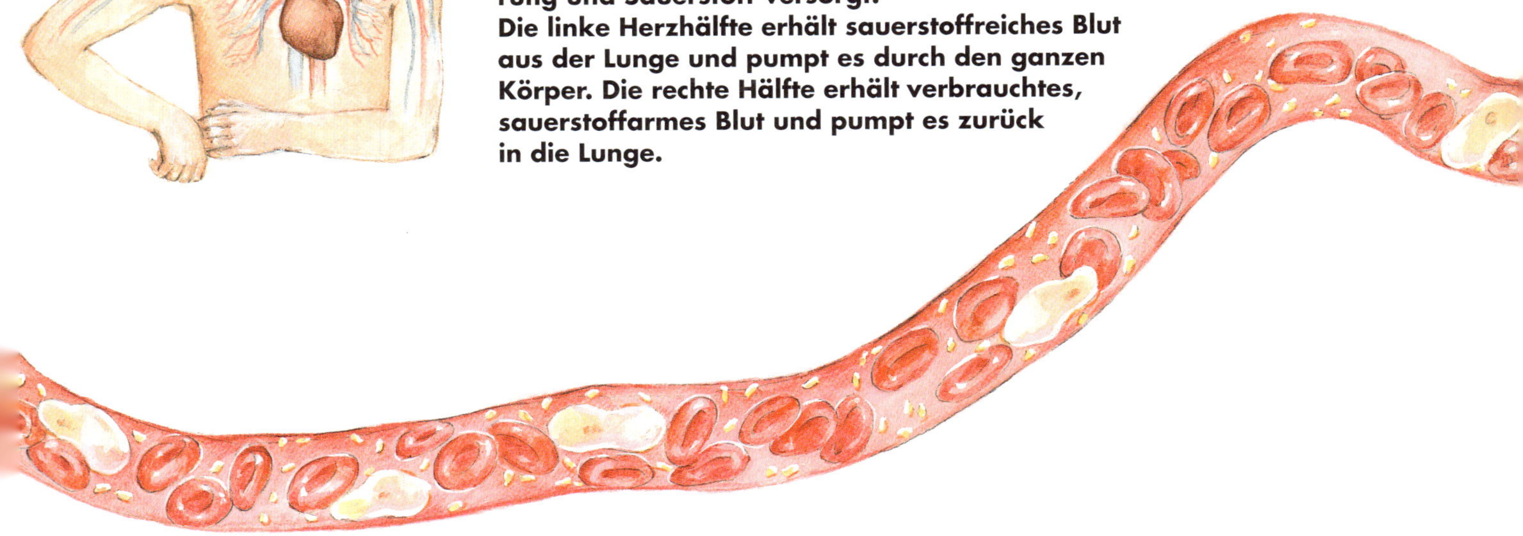

Pro Minute atmen wir etwa 10- bis 15-mal und nehmen etwa 5 bis 7 Liter Luft auf. Am Tag sind das immerhin zwischen 7000 und 10 000 Liter Luft!

Wenn wir müde sind, gähnen wir und führen so dem Körper Sauerstoff zu.

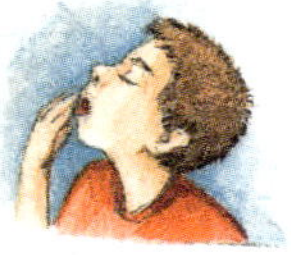

Wer hustet, hat Schmutz oder Schleim in den Bronchien.

Wenn beim Einatmen Staub in die Nase gerät, versucht die Nase ihn über Niesen wieder loszuwerden.

Lass mal frische Luft rein! – Lunge und Atmung

„Puh, ist bei dir ein Mief im Zimmer“, sagt der Oberarzt, als er Philipp besucht. „Du hast ja kaum noch Luft zum Atmen!“
Er geht zum Fenster, öffnet es und atmet tief ein. „Siehst du die Bäume da draußen?“, fragt er Philipp. „Sie machen aus verbrauchter Luft wieder Sauerstoff.“ Philipp überlegt eine Weile, dann sagt er: „Dann sind der Wald und wir Menschen ja echte Partner!“

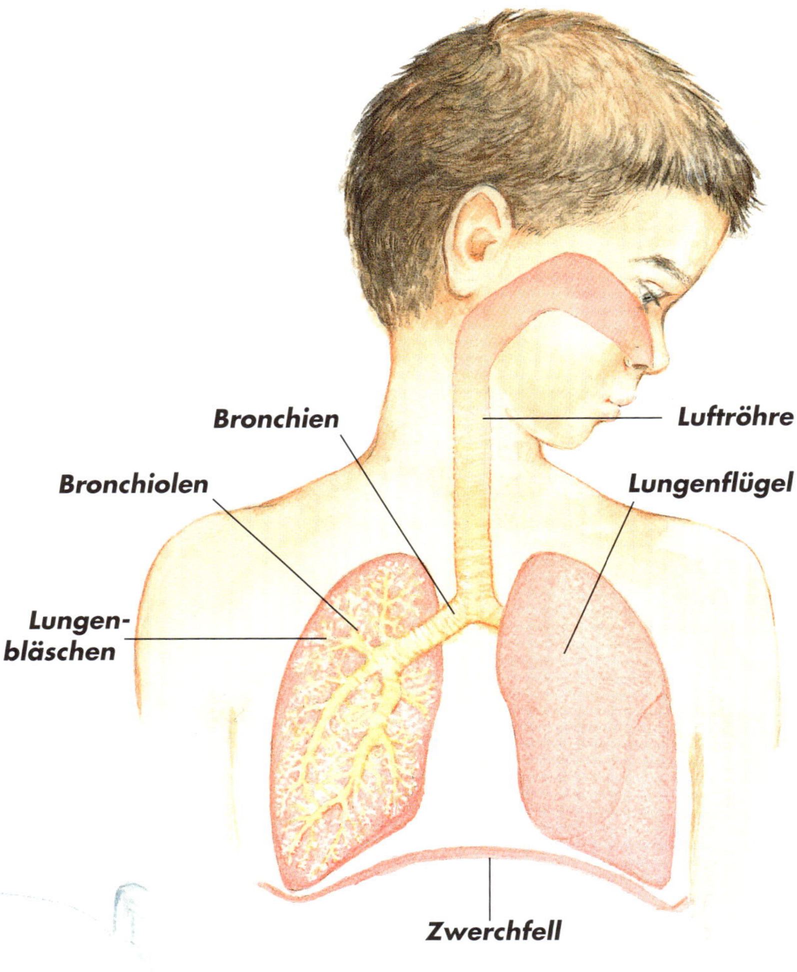

Warum müssen wir atmen?

Nichts geht ohne Luft! Beim Einatmen fließt über Nase oder Mund Luft in die Luftröhre und dann in die beiden Bronchien. Diese verzweigen sich zu noch feineren Ästchen, den Bronchiolen. An deren Ende sitzen die Lungenbläschen. Hier wird der Sauerstoff an das Blut abgegeben.
Gleichzeitig wird der Abfall aus dem Blutkreislauf, das Kohlendioxid, aufgenommen und beim Ausatmen aus dem Körper hinausgepresst.

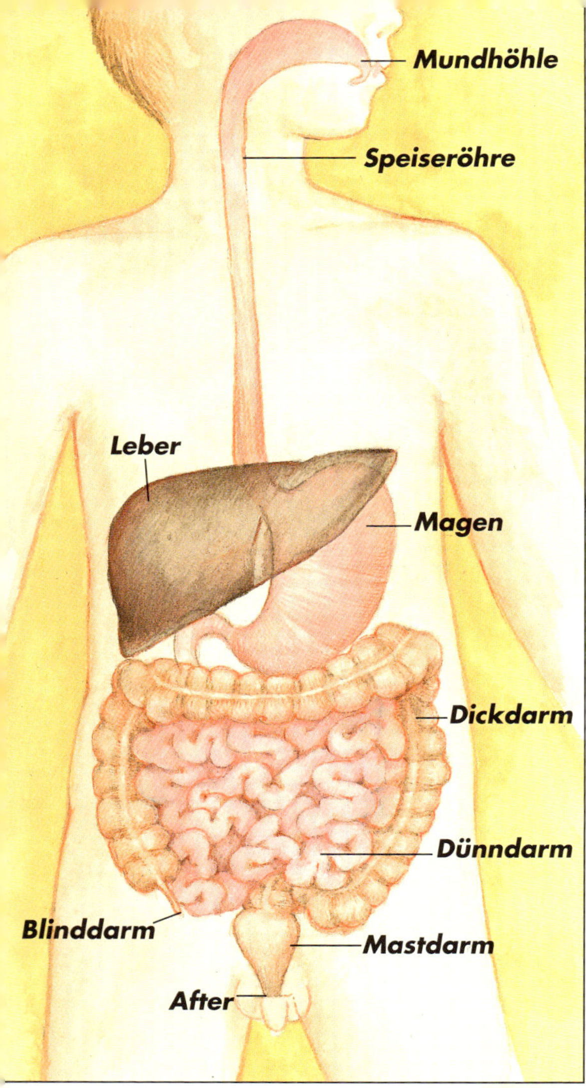

Die Verdauung

Im Mund wird die Nahrung mit Speichel vermischt und von den Backenzähnen zu einem weichen Brei zerkaut.

Der Speisebrei wird geschluckt, indem die Zunge und die Muskeln des Rachens ihn nach hinten in die Speiseröhre drücken. Dabei fällt der Kehldeckel auf die Luftröhre, damit wir uns nicht verschlucken. Die Muskeln der Speiseröhre transportieren den Brei innerhalb von 5 Sekunden in den Magen.

Im Magen bleibt der Speisebrei 1 bis 3 Stunden. Durch die Bewegung der Magenmuskeln wird er gut durchmischt und mit Magensaft durchsetzt. Nach und nach wird der zum Teil verdaute Brei in den Dünndarm abgegeben.

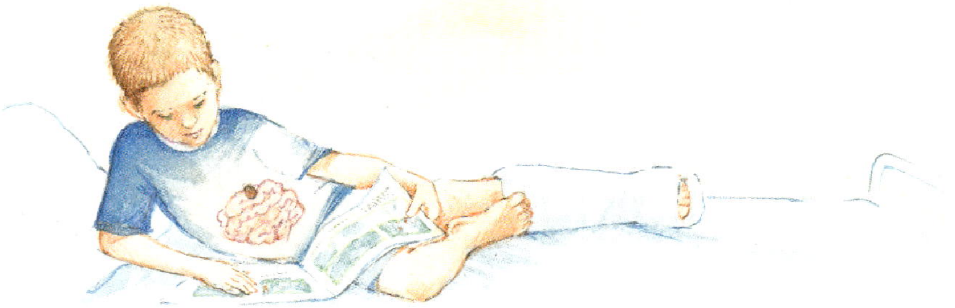

Im Dünndarm werden dem Brei Stoffe (Enzyme) aus der Bauchspeicheldrüse und der Darmwand sowie Gallenflüssigkeit zugeführt.
Sie bewirken, dass die Nährstoffe durch die Darmwand in das Blut gelangen können.

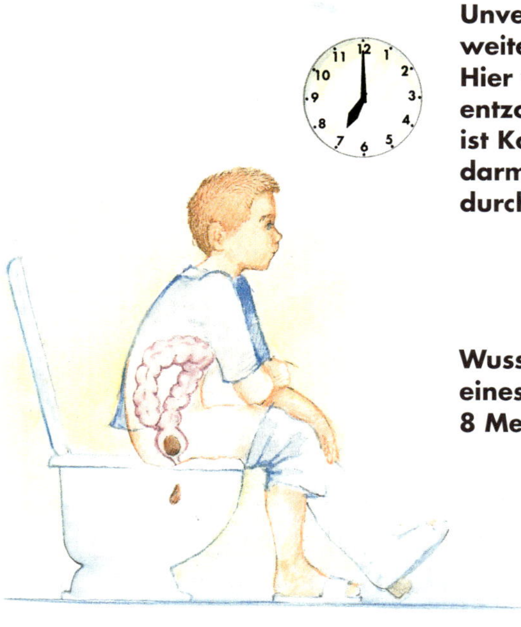

Unverdaute Nahrung gelangt weiter in den Dickdarm.
Hier wird ihr nochmals Wasser entzogen. Was übrig bleibt, ist Kot. Er gelangt in den Mastdarm und verlässt den Körper durch den After.

Wusstest du, dass der Darm eines Erwachsenen mehr als 8 Meter lang ist?

Eine Reise durch den Körper – die Verdauung

Philipp und Lina verbringen viel Zeit miteinander. Heute ist auch Philipps Bruder Felix im Krankenhaus. Er hat eine Tüte Kirschen mitgebracht. Lina schaut den Brüdern sehnsüchtig beim Essen zu. Sie darf noch keine Kirschen essen, weil sie am Bauch operiert worden ist. Philipp muss plötzlich husten.

„Oje, jetzt hab ich einen Stein verschluckt“, sagt er. „Was mit ihm wohl geschieht?“

„Der kommt genau so raus, wie du ihn verschluckt hast“, behauptet Lina. Als Philipp später aufs Klo muss, schaut er neugierig in die Schüssel – jetzt weiß er, dass Lina Recht hatte.

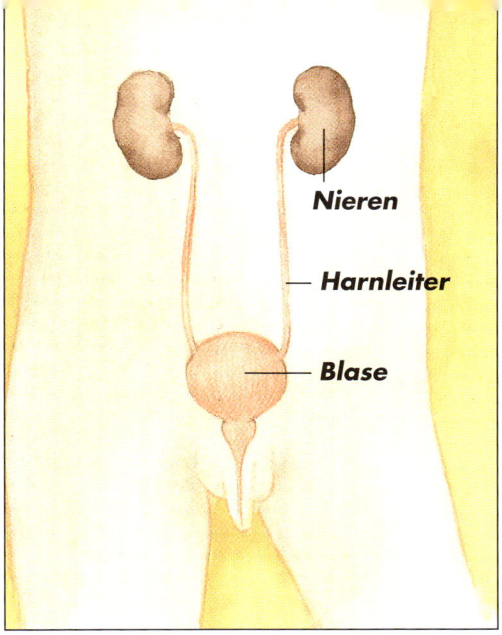

Was ist Urin?

Die Nieren reinigen das Blut, indem sie Abfallstoffe und Wasser herausfiltern. Diese Flüssigkeit ist der Urin oder Harn. Er tröpfelt durch den Harnleiter in die Blase und wird dort gesammelt. Wenn die Blase voll ist, merken wir, dass wir aufs Klo müssen.

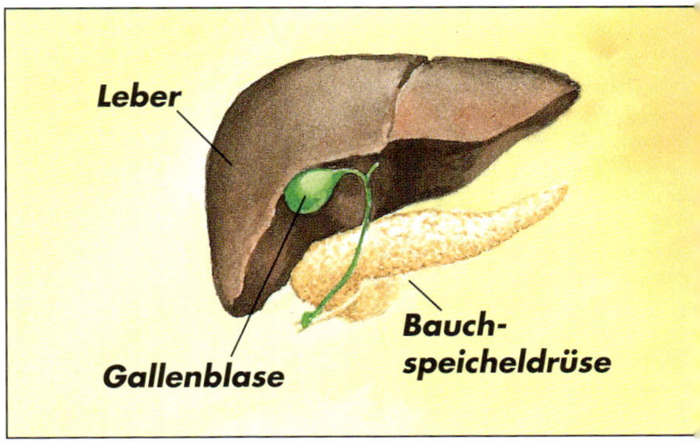

Die Leber

Die Leber ist das größte Organ in unserem Körper und für einen wichtigen Teil der Verdauung zuständig. In der Gallenblase wird eine Flüssigkeit gebildet, die die Verdauung von Fett ermöglicht.

Spiralen

Wellen

Schlaufen

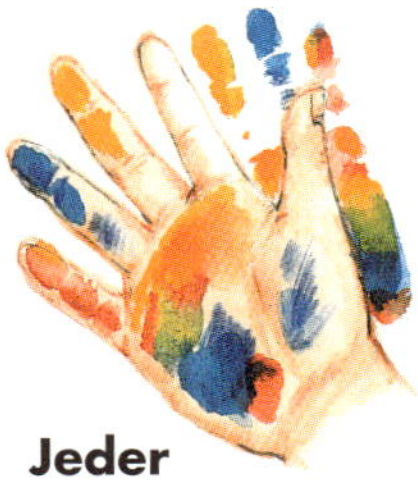

Jeder Fingerabdruck ist einzigartig! Selbst die Muster, die die Rillen auf deinen 10 Fingerspitzen bilden, sind alle verschieden!

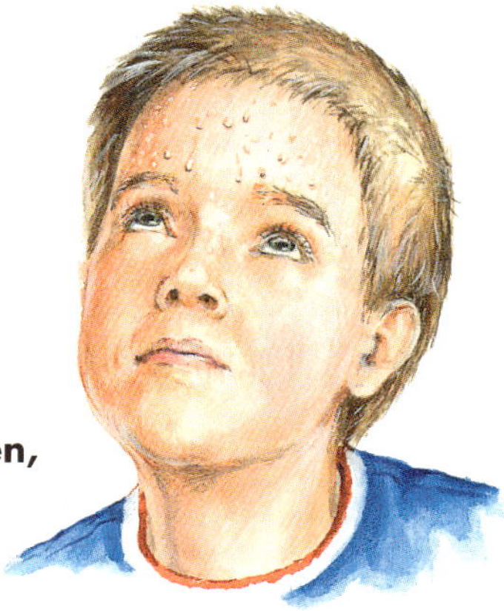

Beim Schwitzen erweitern sich die Blutgefäße unter der Haut, um Wärme abzugeben. Mit dem Schweiß wird die Hautoberfläche abgekühlt.

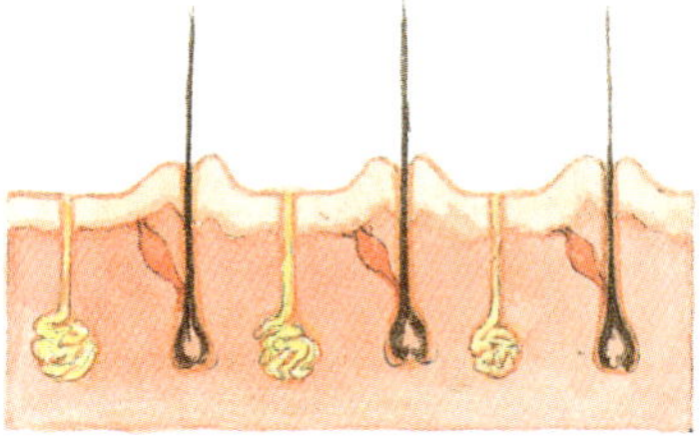

Wenn wir frieren, bekommen wir eine Gänsehaut. Dabei richten sich die kleinen Härchen der Haut auf, um eine Schicht warmer Luft direkt über der Haut festzuhalten.

Wusstest du, dass ein Stück Haut von der Größe eines Pfennigs 3 Millionen Zellen, 1 Meter Blutgefäße, 80 Schweißdrüsen und etwa 35 Nervenenden enthält?

Ist das heiß! – Die Haut

Philipp und Lina müssen nur noch zwei Tage im Krankenhaus bleiben. Weil es so heiß ist, hat ihnen der Oberarzt erlaubt, im Krankenhauspark ein wenig Ball zu spielen. Obwohl Philipp im Rollstuhl sitzt, fängt er viele Bälle. Mittlerweile kann er den Rollstuhl gut lenken. Allerdings kommt er dabei ganz schön ins Schwitzen. Sein Bein fängt unter dem Gips zu jucken an, weil sich Schweiß darunter gesammelt hat.

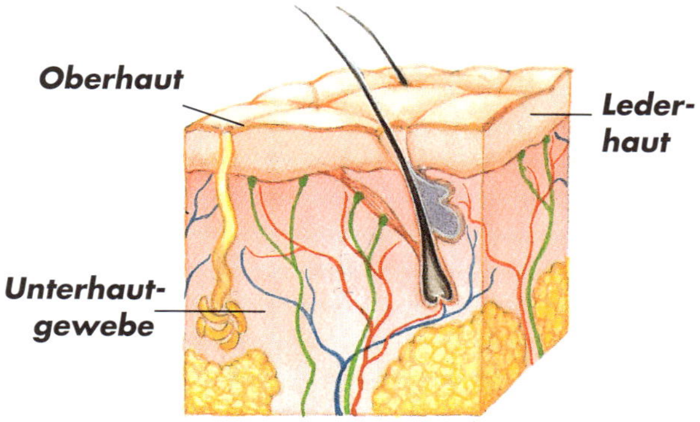

Die Haut besteht aus 3 Schichten:

Die Oberhaut verhindert das Eindringen von Bakterien und Schmutz in den Körper. Die Lederhaut schützt gegen Stöße. Sie ist elastisch und enthält Blutgefäße, Nerven, Talg- und Schweißdrüsen sowie die Haarwurzeln. Das Unterhautgewebe besteht vor allem aus Bindegewebe und Fettzellen. Es schützt uns vor Kälte.

Die Haut verhindert, dass wir austrocknen, und hält Schmutz und Bakterien fern. Außerdem lassen sich mit der Haut mehrere Sinneseindrücke wahrnehmen. Über sie empfinden wir Druck, Hitze, Kälte und Schmerz.

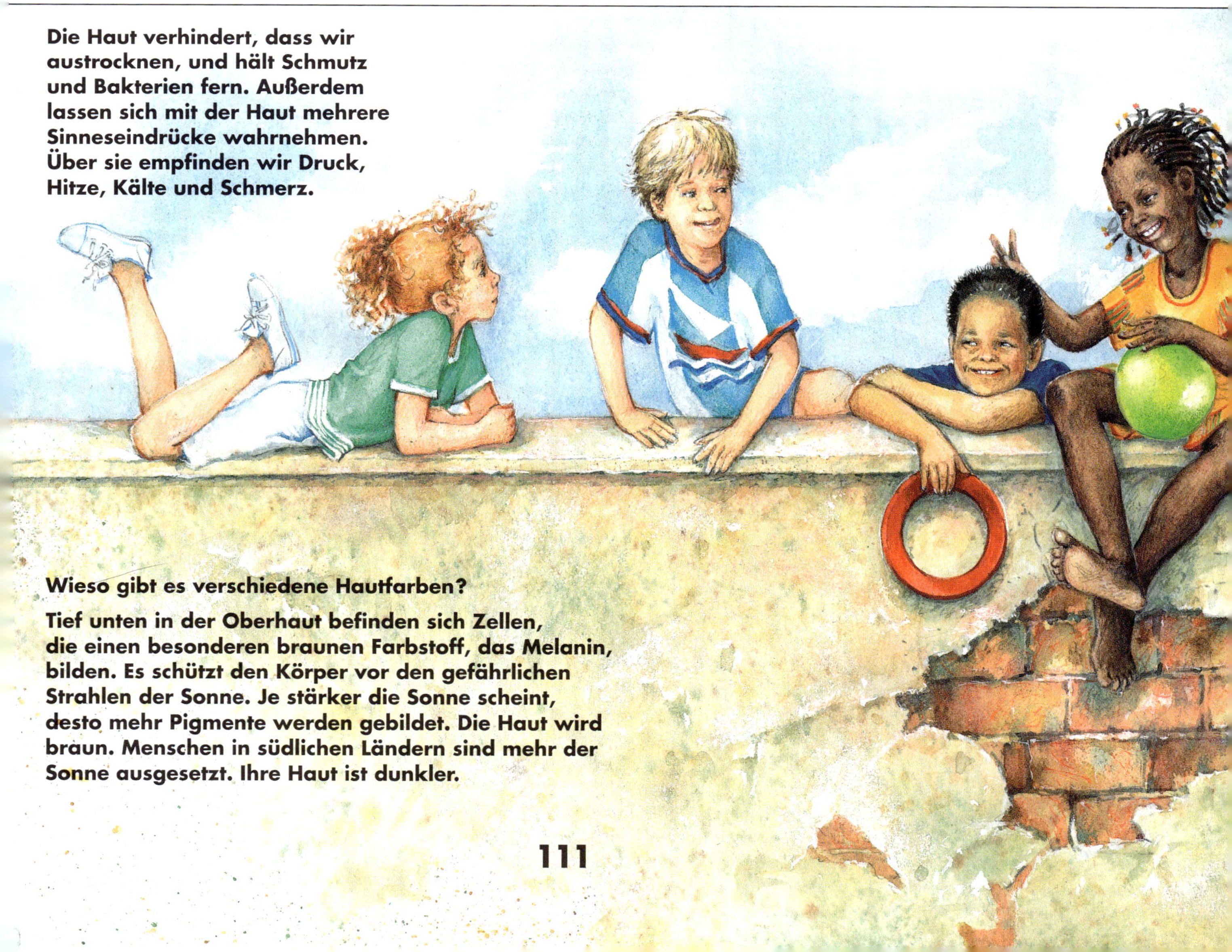

Wieso gibt es verschiedene Hautfarben?

Tief unten in der Oberhaut befinden sich Zellen, die einen besonderen braunen Farbstoff, das Melanin, bilden. Es schützt den Körper vor den gefährlichen Strahlen der Sonne. Je stärker die Sonne scheint, desto mehr Pigmente werden gebildet. Die Haut wird braun. Menschen in südlichen Ländern sind mehr der Sonne ausgesetzt. Ihre Haut ist dunkler.

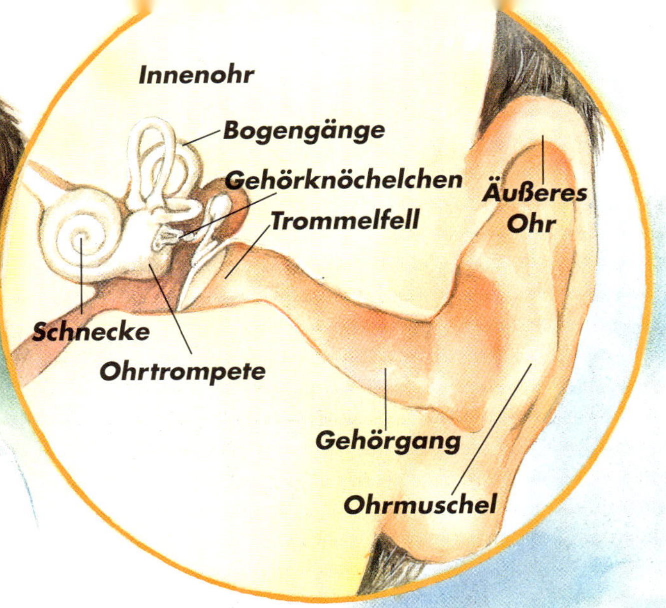

Wenn du dich bewegst, bewegt sich die Flüssigkeit in den Bogengängen des Innenohres mit. Über Nervenenden wird dem Gehirn mitgeteilt, ob du dich nach vorn, hinten oder zur Seite neigst.

Hören

Geräusche breiten sich wellenförmig durch die Luft aus. Unsere Ohrmuscheln fangen sie auf. Die Schallwellen gelangen über den Gehörgang zum Trommelfell und bringen es zum Schwingen.
Diese Schwingung überträgt sich auch auf die Gehörknöchelchen im Mittelohr und auf das mit einer Flüssigkeit gefüllte Innenohr.
Die Schnecke ist der Teil des Innenohrs, in dem sich die Hörzellen befinden. Sie wandeln die Schwingungen in Botschaften an das Gehirn um.

Ich höre was, was du nicht siehst! – Hören und Sehen

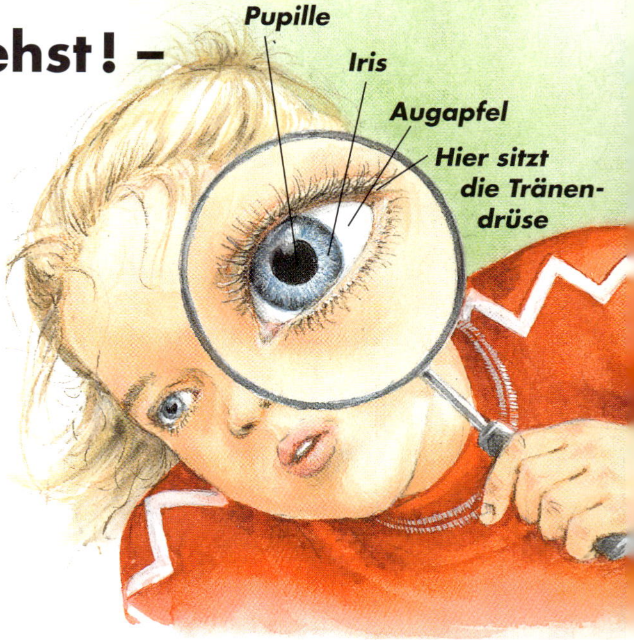

Lina hat ihre Lupe aus dem Zimmer geholt und beobachtet, wie ein paar Ameisen eine tote Wespe zerlegen. Durch die Lupe werden aus den Ameisen plötzlich riesige Tiere. Philipp hat seine Augen geschlossen. Er hört sich auf einem Walkman seine Lieblingsmusik an. „Mit geschlossenen Augen kann ich viel mehr hören", meint er. Auch Lina schließt ihre Augen. Plötzlich hört sie Dinge, die sie vorher nicht wahrgenommen hat: einen Rasenmäher, unterschiedliche Vogelstimmen, Stimmen hinter den Büschen …

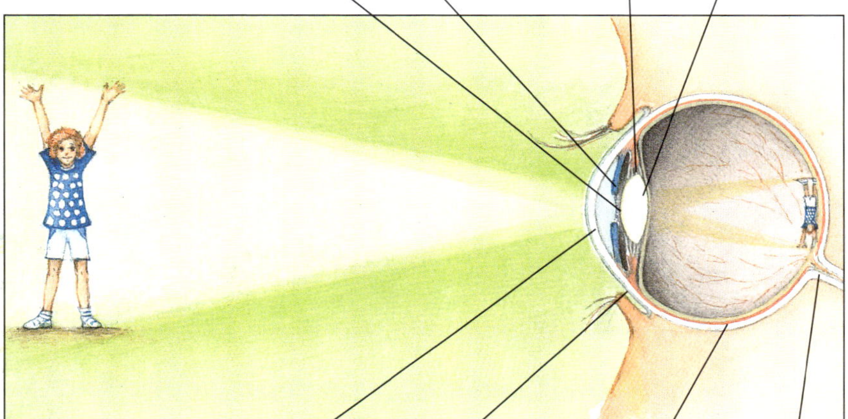

Sehen

Lichtstrahlen treffen auf die Hornhaut und werden durch die Pupille ins Innere des Auges gelenkt. Die Linse bündelt die Strahlen und wirft sie verkehrt herum auf die Netzhaut mit ihren Millionen von Sinneszellen. Diese nehmen Licht und Farben wahr und geben ihre Informationen über den Sehnerv an das Gehirn weiter. Dort werden sie in Bilder umgesetzt.

Deine Augen produzieren ständig Tränenflüssigkeit, damit sie feucht, sauber und staubfrei bleiben. Wenn du traurig bist oder sehr lachen musst, werden besonders viele Tränen produziert – dann kullern sie dir über die Wangen.

Salzig

Bitter

Sauer

Süß

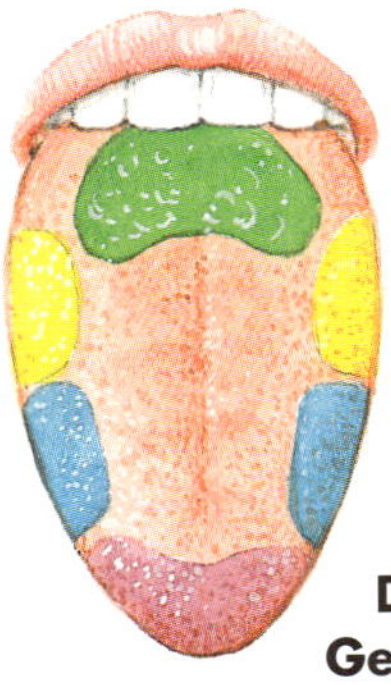

Beim Schlucken wird der Speisebrei mit der Zunge nach hinten gedrückt. Damit kein Essen in die falsche Öffnung gelangt, verschließt der weiche Gaumen den Weg zur Nase und der Kehldeckel die Luftröhre.

Deine Zunge ist mit Millionen von Geschmacksknospen bedeckt. Damit kann sie 4 Geschmacksrichtungen unterscheiden. Süß, sauer und salzig schmeckst du an den Seiten und an der Zungenspitze, bitter ganz hinten.

Schluckauf

Wenn man hastig isst oder trinkt, kann es passieren, dass der Zwerchfellmuskel unter der Lunge plötzlich zu zucken anfängt. Dabei wird ruckweise Luft in die Lunge gesaugt. Damit nicht zu viel Luft in die Lunge gelangt, schließt sich die Klappe in der Luftröhre. Dabei entsteht das Schluckauf-Geräusch.

Das große Fest – Riechen und Schmecken

Philipp und Lina werden heute aus dem Krankenhaus entlassen. Ihre Eltern haben sich eine tolle Überraschung ausgedacht. Lina darf mit zu Philipp nach Hause. Dort findet ein großes Willkommensfest mit vielen Freunden statt. Es gibt Kuchen, Obst, Salate und Würstchen. Vor dem Essen muss Lina ihre eklige Medizin schlucken. „Du Arme“, bedauert sie Philipp. „Ach, das ist gar nicht so schlimm“, sagt Lina. „Ich kenne einen Trick. Beim Schlucken halte ich einfach die Nase zu, dann schmecke ich fast gar nichts.“

Riechen und Schmecken

Wusstest du, dass geriebener Apfel und geriebene Zwiebel gleich schmecken, wenn man sich die Nase zuhält? Mit deiner Nase kannst du nicht nur riechen: Sie hilft dir auch beim Schmecken. Während du isst, gelangen winzige Duftteilchen aus der Nahrung in deine Nase.

Dort sind Nervenzellen, die dem Gehirn melden, was du gerade riechst. Der Geruchssinn ist 20000-mal empfindlicher als der Geschmackssinn.

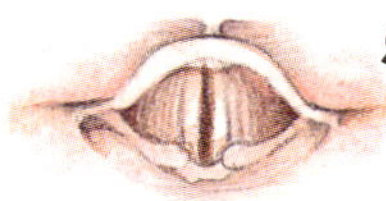

So entsteht ein hoher Ton …

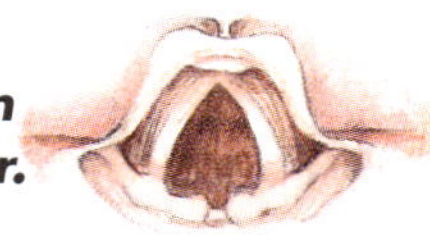

… so ein tiefer.

Sprechen

Im Rachen befindet sich der Kehlkopf. Er ist Teil der Luftröhre. Beim Sprechen dringt Luft durch den Kehlkopf und versetzt die darin verlaufenden Stimmbänder in Schwingungen. Dadurch entsteht ein Ton. Verändert wird dieser Ton durch die Gesichtsmuskeln, die Lippen und die Zunge, die das Geräusch in Sprache verwandeln. Sind die Stimmbänder gespannt, entsteht ein hoher Ton, sind sie geöffnet, ein tiefer.

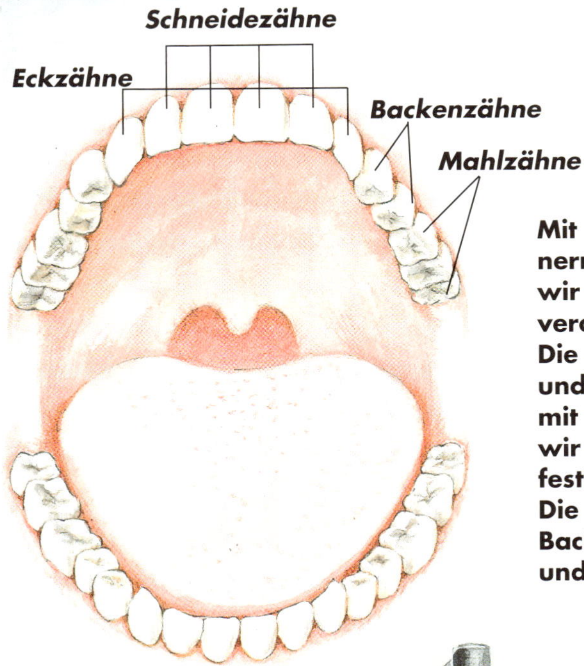

Mit unseren Zähnen zerkleinern wir die Nahrung, damit wir sie leichter schlucken und verdauen können.
Die Schneidezähne schneiden und zerkleinern das Essen; mit den Eckzähnen können wir etwas abreißen oder festhalten.
Die vorderen und hinteren Backenzähne sind zum Kauen und Mahlen da.

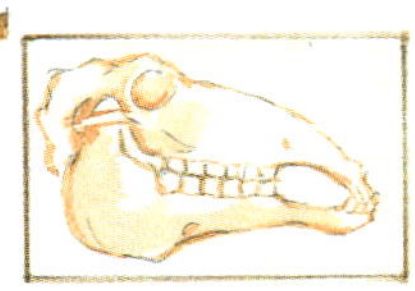

Pferde sind Pflanzenfresser und haben vorwiegend Mahlzähne.

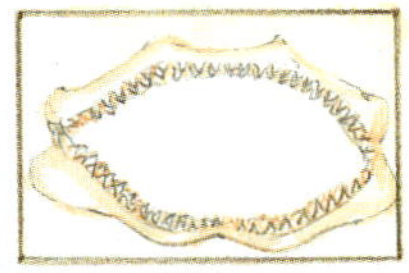

Bei Haien wird jeder abgebrochene Zahn sofort durch einen neuen ersetzt.

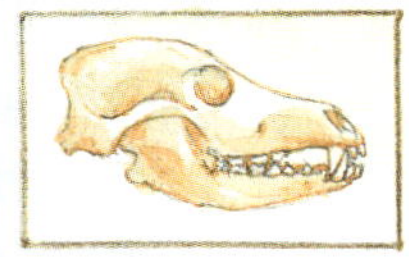

Raubtiere haben scharfe Reißzähne.

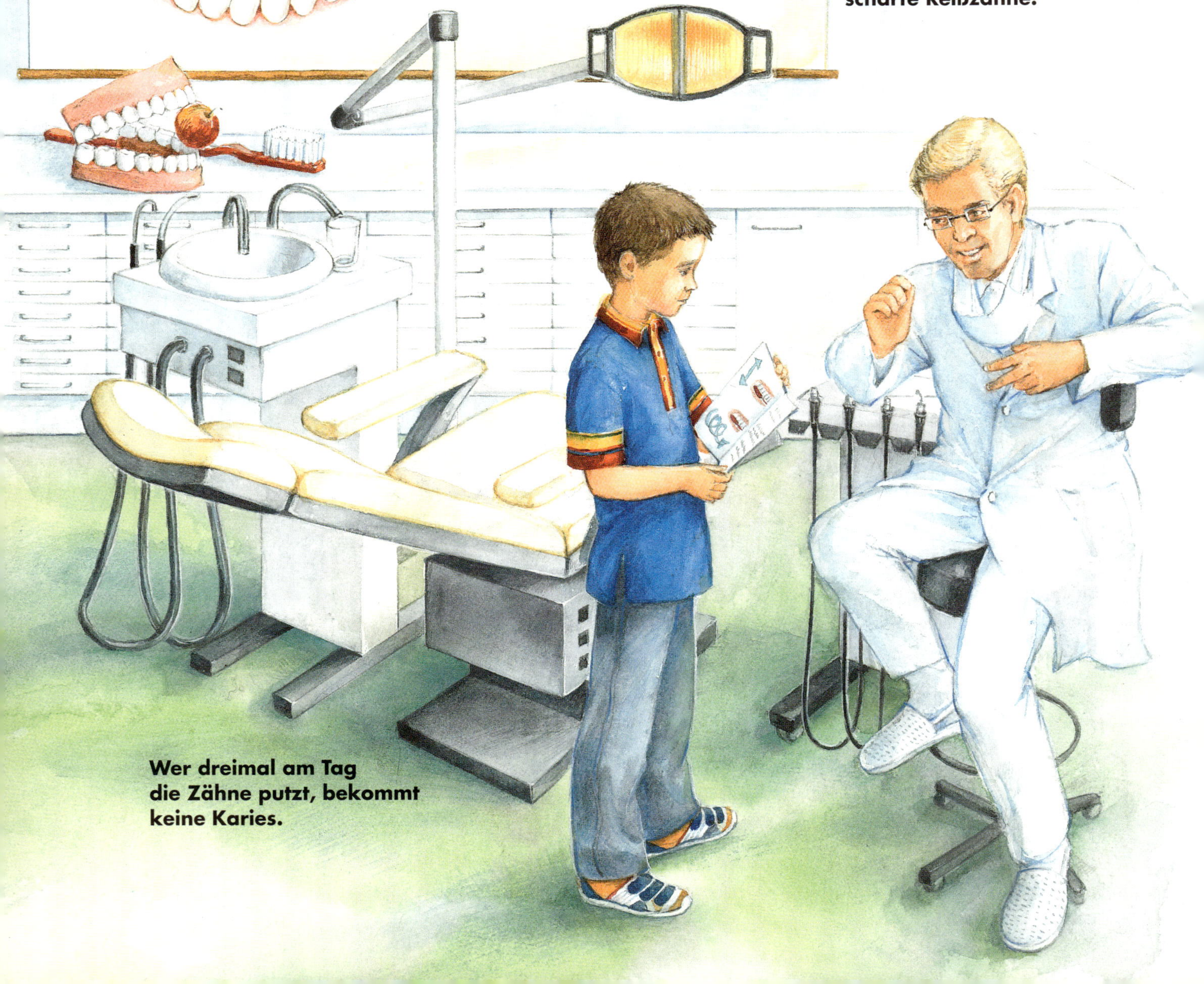

Wer dreimal am Tag die Zähne putzt, bekommt keine Karies.

Beim Zahnarzt – Die Zähne

Philipp kommt stolz vom Fußballspielen nach Hause. Heute hat er sein erstes Tor seit seinem Beinbruch geschossen. Er nimmt sich einen Apfel aus der Obstschale und beißt hinein. Verflixt, denkt er, jetzt tut mir der Zahn schon wieder weh! Beim Abendbrot kann Philipp kaum seinen warmen Tee trinken.
„Ich glaube, da ist ein Besuch beim Zahnarzt fällig“, sagt seine Mutter. Am nächsten Tag geht Philipp zu Dr. Kiefer. Der erklärt ihm, dass er ein kleines Loch im Backenzahn hat. Philipp ist tapfer, er zuckt nur ein kleines bisschen, als Dr. Kiefer bohrt.

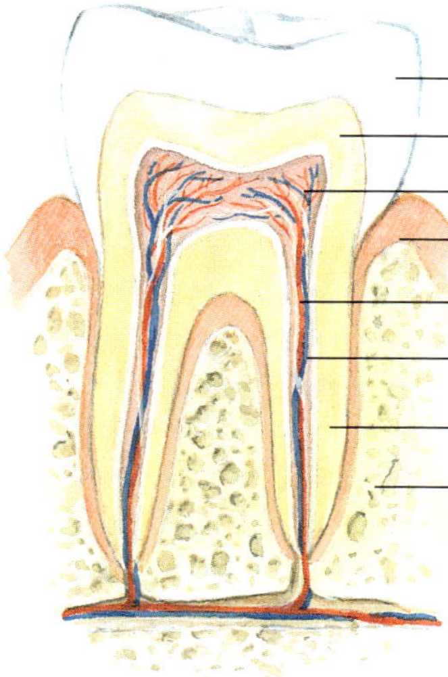

Nur die Zahnkrone ist über dem Zahnfleisch sichtbar. Die viel längere Wurzel ist fest im Kieferknochen verankert. Harter weißer Zahnschmelz bedeckt die Krone. Darunter liegt das weichere Zahnbein. Darin ist eine Höhlung, die das Zahnmark mit den Nerven und Blutgefäßen enthält.

Den ersten Zahn bekommt ein Baby etwa mit einem halben Jahr. Wenn ein Kind 2 Jahre alt ist, hat es alle 20 Milchzähne. Mit etwa 6 Jahren fallen die Milchzähne allmählich aus und werden nach und nach durch die „Erwachsenenzähne“ ersetzt. Mit den Weisheitszähnen hat jeder Mensch 32 Zähne.

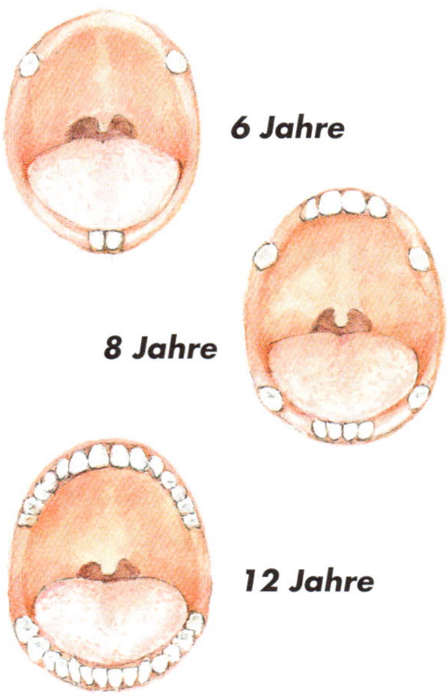

Was ist Karies?

Wenn du die Zähne nicht putzt, siedeln sich Bakterien an. Sie ernähren sich vom Zucker süßer Speisen und bilden dabei eine Säure, die den Zahnschmelz auflöst. So entsteht ein Loch, das immer größer wird. Schmerzen treten erst dann auf, wenn Speisen oder Getränke zum Zahnbein und den empfindlichen Nerven vordringen. Saubere Zähne und wenig Süßigkeiten sind der beste Schutz vor Karies!

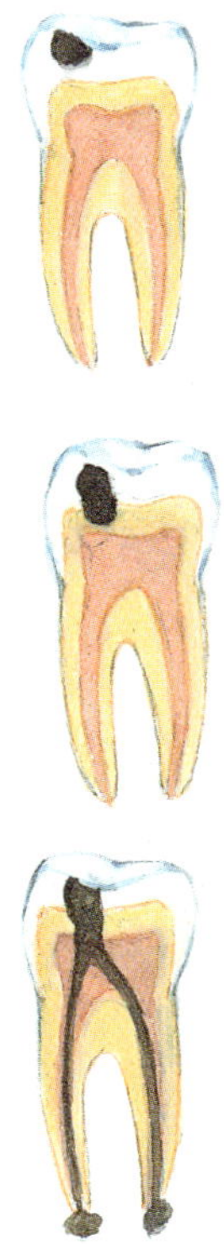

Papa als 12-jähriger
3 Generationen
Mama als Kleinkind
Oma+Opa bei ihrer Hochze

Wachsen und älter werden

Draußen regnet es. Papa, Mama, Felix und Philipp kuscheln zusammen auf dem Sofa. Sie schauen sich Familienfotos an. „Mama, du warst ja richtig dick als Baby“, sagt Philipp. „Komisch, dass man sich im Leben dauernd verändert!“

„Ja, und jetzt wird Mama wieder von Woche zu Woche dicker“, stellt Felix fest. Mama und Papa schauen sich lachend an. „Kein Wunder“, meint Papa, „Mama bekommt ja bald ein Baby.“ Die Jungen freuen sich. „Ich möchte aber ein Mädchen“, sagt Felix. „Ein Bruder reicht mir schon!“

Was geschieht beim Älterwerden?

Je älter man wird, desto langsamer erneuern sich die Zellen im Körper und damit auch die Organe. Die Haut wird faltiger, die Augen und das Gehör werden schwächer, und man wird anfälliger für Krankheiten.

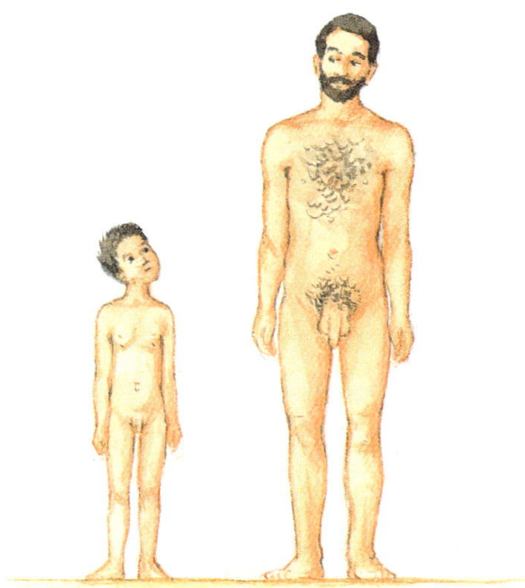

Wachsen

Am Anfang seines Lebens wächst ein Mensch sehr schnell. Innerhalb von 9 Monaten wird aus einer winzigen befruchteten Eizelle ein Baby von 3 bis 4 Kilo Gewicht und etwa 50 cm Länge. Wenn ein Mädchen über 7 und ein Junge etwa 9 Jahre alt ist, haben sie bereits drei Viertel ihrer Erwachsenengröße erreicht. Mit etwa 20 Jahren hat ein Mensch seine endgültige Körpergröße erreicht.

Mann ...

Hinter dem Glied befinden sich die Hoden, in denen die Samenzellen produziert werden. In der Spitze des Gliedes, der Eichel, liegt eine kleine Öffnung. Aus ihr kommen sowohl Urin als auch die Samenflüssigkeit – allerdings nie gleichzeitig.

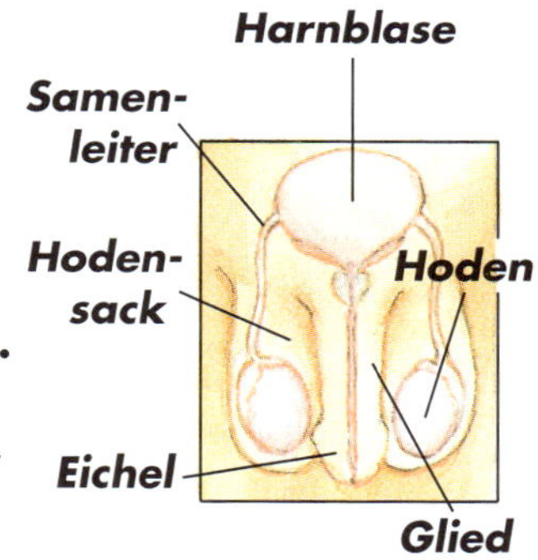

Die Geschlechtsorgane von Kindern sind kleiner als bei Erwachsenen. Mit etwa 10 Jahren beginnen sie zu wachsen.

... und Frau

Jeden Monat wandert eine Eizelle über den Eileiter in die Gebärmutter. Wenn sie auf ihrem Weg dorthin von einer männlichen Samenzelle befruchtet wird, entsteht ein neuer Mensch. Wenn nicht, löst sich die Eizelle in der Gebärmutter auf – und es kommt zur Monatsblutung.

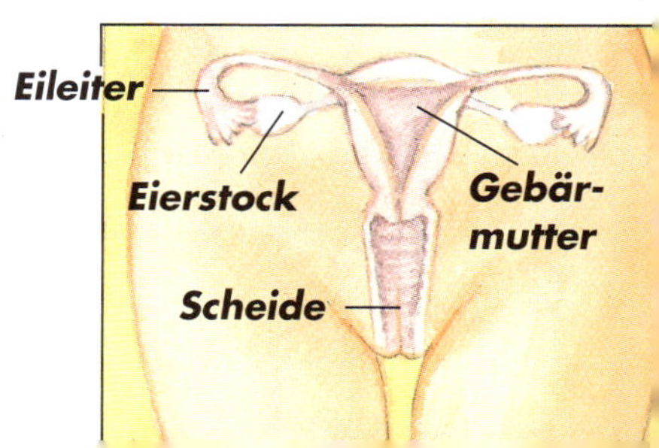

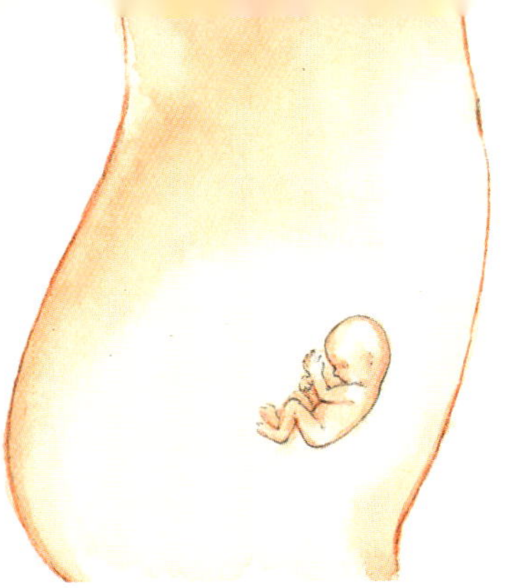

Das Baby kann schon die Hand ballen und den Mund bewegen.

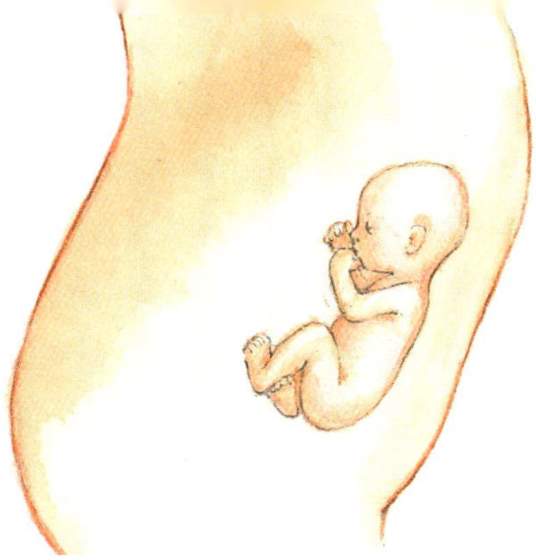

Das Baby hört Geräusche von außen und kann lächeln.

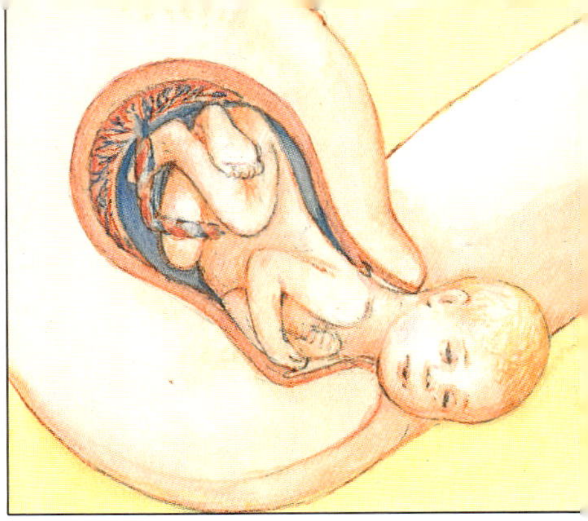

In den letzten Wochen wird es dem Baby im Bauch ungemütlich. Es hat kaum noch Platz und dreht sich mit dem Kopf in Richtung Scheide. Nach etwa 38 Wochen im Mutterleib wird das Baby geboren.

Hurra, ein Schwesterchen! – Befruchtung und Geburt

Die Zeit vergeht wie im Flug. Mamas Bauch wird immer dicker. Eines Morgens ist Mama ganz unruhig. Philipp und Felix gehen mit einem ganz komischen Gefühl in die Schule. Als sie nach Hause kommen, macht ihnen Opa die Tür auf. „Gratuliere“, sagt er, „ihr habt heute ein kleines Schwesterchen bekommen. Es heißt Elisa.“
Die beiden Jungen freuen sich riesig.
Sie können es kaum abwarten, bis sie zu Mama und Elisa ins Krankenhaus dürfen.

So entsteht ein Kind

Wenn ein Mann und eine Frau miteinander schlafen, erleben meist beide einen Höhepunkt. Das ist für beide ein schönes Gefühl. Beim Mann spritzt beim Höhepunkt Samenflüssigkeit aus dem Glied. Dabei schwimmen Millionen von Samenzellen durch die Scheide und die Gebärmutter bis in den Eileiter.
Alle vier Wochen reift im Eierstock ein Ei heran.
Beim Eisprung ① löst es sich heraus und wandert in den Eileiter. Wenn eine Samenzelle auf das Ei trifft, findet eine Befruchtung ② statt.

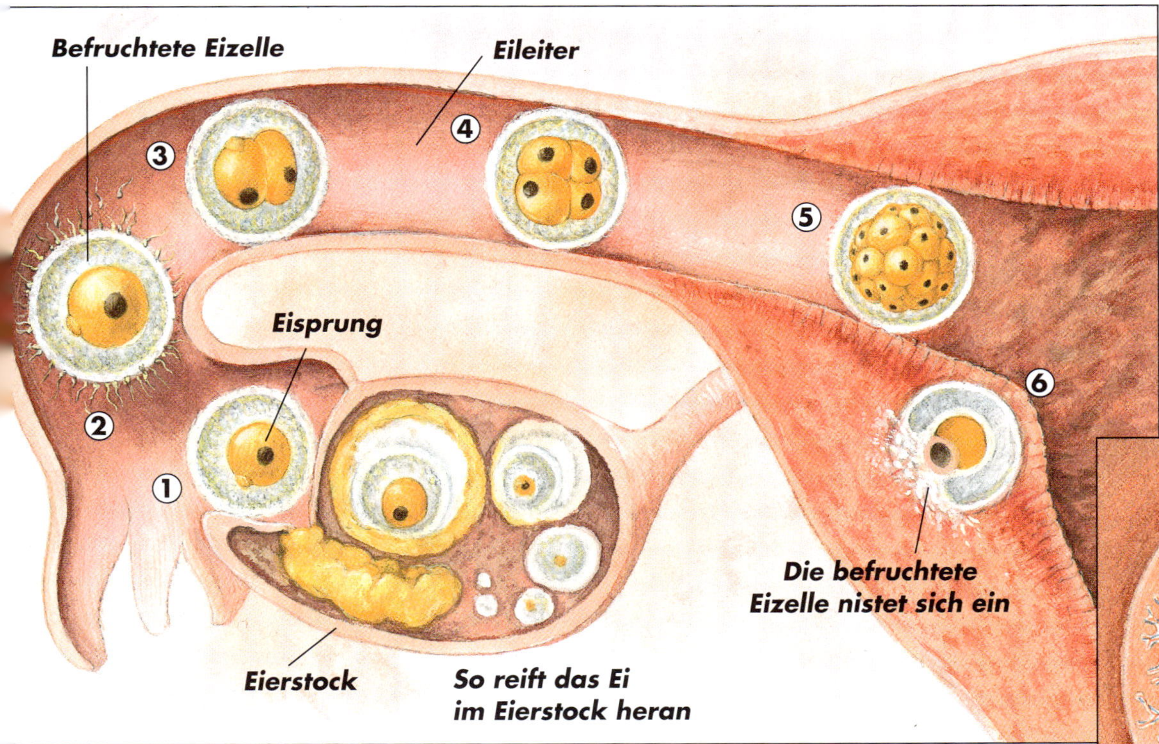

Nach der Befruchtung teilt sich die Eizelle immer wieder (③, ④), bis eine winzige Zellkugel ⑤ entsteht.
Die Zellkugel wandert weiter in die Gebärmutter und nistet sich dort in der Gebärmutterschleimhaut ein ⑤. Hier wächst und entwickelt sich die kleine Kugel allmählich zu einem kleinen Menschen.

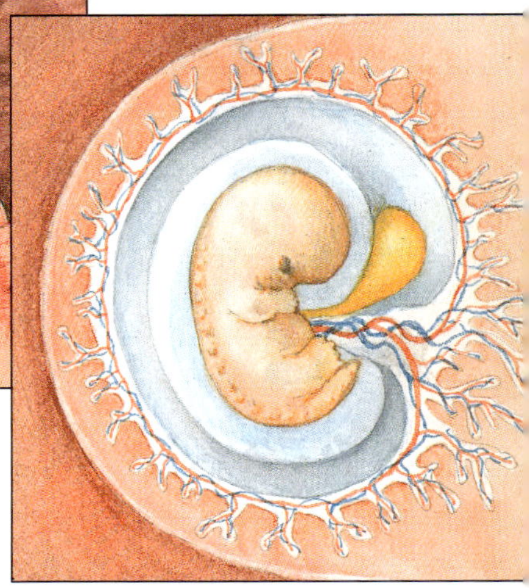

Nach 6 Wochen ist das Baby etwa 7 Millimeter groß, und sein Herz beginnt zu schlagen.

Viele unserer Eigenschaften sind erblich. Dennoch wird nicht alles an uns vererbt. Wo und wie wir leben, was wir essen und vieles andere beeinflussen Aussehen oder Körpergröße. So kann auch ein eher kleiner und schmächtiger Mensch durch gute Ernährung und viel Sport kräftig werden.

Jeder hat von jedem was – Die Vererbung

Philipp und Felix putzen sich die Zähne. Felix schneidet im Spiegel Grimassen. „Was machst du denn da?“, fragt Mama, die mit Elisa ins Bad kommt. Bevor Felix antworten kann, kommt auch noch Papa. „Hat jemand meinen linken Schuh gesehen?“, fragt er. Da muss Philipp plötzlich lachen. „Schaut mal, wie wir alle im Spiegel aussehen! Jeder hat von jedem etwas! Elisa hat die roten Haare von Papa, aber die dunklen Augen von Mama. Felix sieht aus wie Mama, hat aber blaue Augen. Nur ich sehe irgendwie anders aus!“ „Oh nein“, sagt Papa. „Du siehst deiner Großmutter sehr ähnlich.“

Haare

Wusstest du, dass du über 3 Millionen Haare am ganzen Körper hast? Nur Lippen, Hand- und Fußflächen sind nicht behaart. Ein Haar lebt nur an seiner Haarwurzel. Der Rest besteht aus toten Zellen. Deshalb tut Haareschneiden nicht weh. Jeden Monat wachsen deine Haare etwa 2 Millimeter.

Glatte Haare wachsen aus einem runden Haarbalg. Wellige Haare kommen aus einem ovalen Haarbalg.

In den Haarwurzeln befinden sich Zellen, die Farbstoff bilden. Je mehr Farbstoff, desto dunkler sind die Haare. Weiße Haare enthalten keinen Farbstoff mehr, dafür kleine Luftblasen.

Warum sehen wir uns ähnlich?

Haar-, Haut- und Augenfarbe, Größe, Charaktereigenschaften, ob jemand sportlich ist oder musikalisch – all diese Informationen sind in den Ei- und Samenzellen enthalten. Jedes Kind erbt sowohl Eigenschaften aus der Familie der Mutter als auch aus der des Vaters. Dabei entstehen ganz neue Mischungen. Menschen können sich sehr ähnlich sein, aber sie sind nie gleich!

Krause Haare wachsen in Schüben. Ihr Haarbalg ist ganz flach.

Lies mal weiter!

Hast du aufgepasst?

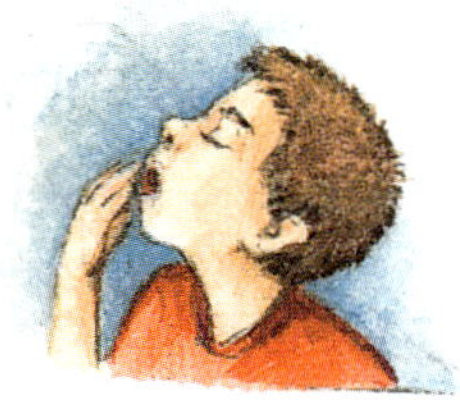

1. Von wo aus wird unser Körper gesteuert?

a) Vom Kopf aus

b) Vom Gehirn aus

c) Vom Herzen aus

2. Wie viele Muskeln braucht man, um zu lächeln?

a) 23

b) 17

c) 11

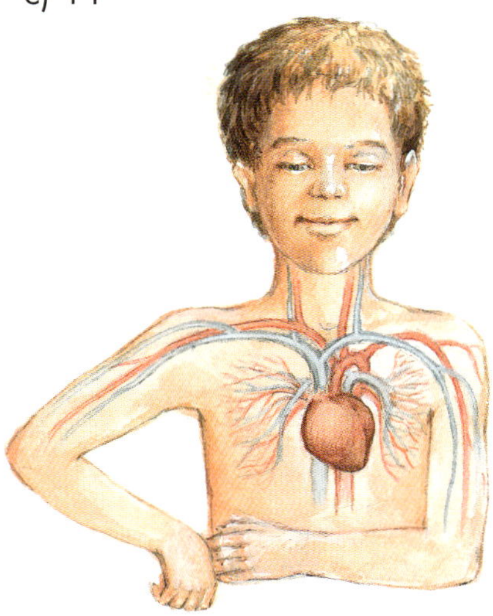

3. Wozu brauchen wir das Blut? Welche Behauptung stimmt hier nicht?

a) Zur Regulierung der Körpertemperatur

b) Zur Versorgung des Körpers mit Sauerstoff und Nährstoffen

c) Zur besseren Verdauung

d) Zur Abwehr von Krankheiten

4. Warum muss man gähnen?

a) Um wieder munter zu werden

b) Damit man besser schlafen kann

c) Um anderen zu zeigen, dass man müde ist

5. Was ist Melanin?

a) Fettzellen der Unterhaut

b) Ein Gewürz aus Südamerika

c) Farbstoff in der Oberhaut

6. Was tun, wenn man eine bittere Medizin schlucken muss?

a) Augen zu, dann sieht man das schreckliche Zeug nicht

b) Nase zuhalten, dann schmeckt man nichts

c) Sich einreden, dass man gerade eine Süßigkeit isst

Wie schützt sich der Körper vor Krankheiten?

In unserem Körper gibt es eine ganze Reihe von Abwehrsystemen, die uns vor Krankheiten, Giften und schädlichen Einflüssen schützen. Im Blut gibt es zum Beispiel die weißen Blutkörperchen, die Krankheitskeime sofort aufspüren und bekämpfen. Eine weitere Abwehreinheit sind die Antikörper. Sie entstehen erst nach einer Krankheit. Wenn du zum Beispiel Masern hattest, dann bildet dein Körper Antikörper gegen diese Krankheit. Das bedeutet, dass dein Körper nun auf den nächsten „Angriff" der Masern vorbereitet ist und die Krankheit nicht mehr bekommt.

Warum müssen wir regelmäßig schlafen?

Im Schlaf erholt sich der Körper von den Anstrengungen des Tages. Schlafen ist wichtig für unsere Gesundheit und unser Wohlbefinden. Während des Schlafs schaltet der Körper auf

Sparflamme. Herzschlag und Atem werden langsamer, die Körpertemperatur sinkt ab und die Muskeln entspannen sich. Gleichzeitig wird aber ein Stoff verstärkt ins Blut abgegeben, der Kinder in der Nacht wachsen lässt und bei Erwachsenen die Zellen erneuert.

Wusstest du, dass …

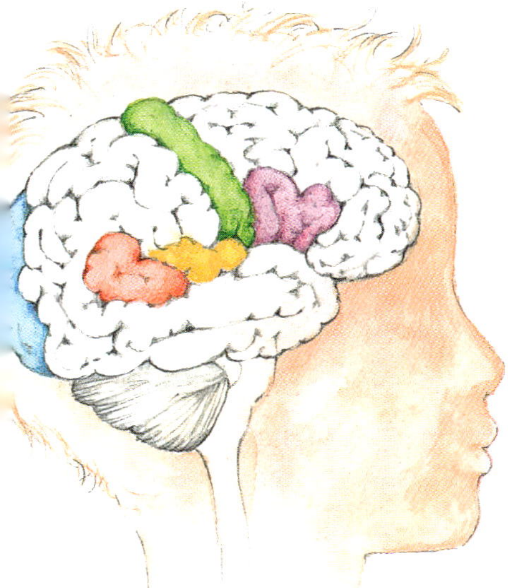

Warum träumen wir?

Während des Schlafes erholt sich auch unser Gehirn. Mit den Träumen verarbeiten wir, was wir tagsüber erlebt haben. Jeder Mensch träumt während des Schlafes, auch wenn er sich am nächsten Morgen nicht mehr daran erinnern kann.

Lösungen:
1b / 2b / 3c / 4a / 5c / 6b

… das Gehirn eines Menschen Milliarden von Nervenzellen enthält?

… ein Mensch genau so viele Knochen hat wie ein Pferd?

… lang andauernde laute Geräusche das Gehör schädigen können? Menschen, die mit Pressluftbohrern arbeiten, können auf Dauer schwerhörig werden.

… du täglich einen Liter Speichel produzierst? Das macht im Laufe eines Lebens etwa 25 000 Liter aus! Eine Kuh produziert täglich sogar 60 Liter Speichel!

… die Oberfläche der Schleimhautfalten des Dünndarms eine Fläche von 10 Quadratmetern ergibt? Das ist 5-mal deine Körperoberfläche.

… dein Herz bei Aufregung und Ärger schneller schlägt als in Ruhe? Auch nach dem Essen schlägt das Herz schneller, weil mehr Blut durch den Körper fließt, um die Nahrung aufzunehmen und dorthin zu bringen, wo sie benötigt wird.

… dein größter Muskel dein Pomuskel ist?

… beim Niesen die Luft mit mehr als 160 Kilometer pro Stunde durch deine Nase saust?

… du als Baby nur knapp einen Liter Blut hattest (das ist eine Milchtüte voll)? Wenn du erwachsen bist, wirst du etwa 5 bis 6 Liter Blut haben.

Auf einer Ritterburg

Du bist mein, ich bin dein:
Dessen sollst du gewiss sein.
Du bist eingeschlossen
In meinem Herzen:
verlorn ist das Schlüsselein:
Du musst auf immer drinnen sein.

aus: Minnesangs Frühling, 12. Jahrhundert

Inhalt

Früher war Reisen sehr beschwerlich. Die Wege waren meist ungepflastert und bei schlechtem Wetter versanken Reittiere und Wagen im Morast.

Auf dem Weg zur Burg

Gefährliche Reise

Kaufleute zogen von einer Stadt oder Burg zur anderen, um ihre Waren zu tauschen oder zu verkaufen. Das war oft sehr gefährlich, denn hinter jedem Strauch, in jedem Baum konnten Räuber lauern.

Über eine Stunde war der Kaufmannszug durch eine Panne aufgehalten worden: Ein Rad war in einem der unzähligen Schlaglöcher hängen geblieben. Jetzt drängte die Zeit, denn die Kaufleute wollten noch vor Sonnenuntergang die herzogliche Hofburg erreichen.

An Pfingsten würde dort ein großes Turnier stattfinden. Auf dem Jahrmarkt wollten die Kaufleute ihre Waren verkaufen.

Lisa, die Tochter eines Kaufmanns, ging neben dem Wagen her. Ihr Herz klopfte vor Aufregung. Bald würde sie zum ersten Mal in einer Burg sein!

Berittene Soldaten begleiteten viele der Kaufleute, um sie vor Überfällen zu schützen.

Händlerware

Kaufleute waren sehr beliebt. Sie verkauften Dinge, die das Leben angenehm machten.

Ankunft auf der Burg

Gerade noch rechtzeitig bevor die Zugbrücke hochgezogen wurde, kamen die Kaufleute auf der Burg an. Lisas Vater Gernot lenkte seinen Wagen zu dem größten Haus auf dem äußeren Burghof. Dort wohnte der Burgvogt Walter. Während Gernot den Wagen entlud, nahm Lisa eine Zuckerstange aus dem Gepäck und schlich sich davon. Auf dem Burghof herrschte viel Trubel.

„Hier ist ganz schön was los!", meinte ein vornehm gekleideter Junge. „Wenn du willst, kann ich dir die Burg zeigen", fügte er hinzu und blickte sehnsüchtig auf Lisas Zuckerstange. Lisa verstand: Sie gab ihm ihre Zuckerstange und verabredete sich mit ihm für den nächsten Morgen.

Felle

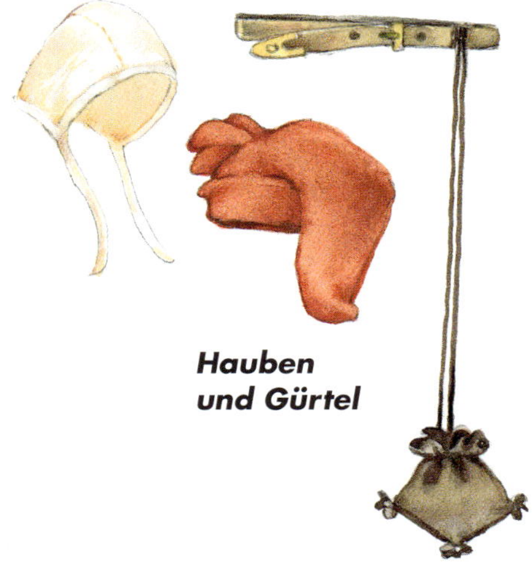

Hauben und Gürtel

① Im Schlafraum stand meist nur ein großes Bett, in dem bis zu sechs Personen schlafen konnten. Die Matratzen waren mit Stroh oder Blättern gepolstert. Mit schweren Vorhängen wurde die Kälte abgehalten.

② Im Rittersaal wurden Feste gefeiert. Zum Essen wurden Holzböcke aufgestellt, auf die man eine Tischplatte legte. Drumherum standen Stühle und Holzbänke.

Die Toilette war meist ein kleiner Anbau an der Außenmauer, hoch über dem Burggraben. Das Klo war ein gemauerter Sitz mit Loch.

Die Burgherrin und ihre Damen saßen gern im Burggarten, arbeiteten dort an Stickereien, lasen in Büchern oder hörten Musikanten zu. Außerdem zog die Herrin dort Gewürz- und Heilkräuter.

Rundgang durch die Hauptburg

Am nächsten Morgen traf Lisa den fremden Jungen vor der Zugbrücke zur Hauptburg. „Ich heiße Richard und bin neun Jahre alt“, stellte er sich vor. „Seit zwei Jahren bin ich Page bei Ritter Leonhard von Mellau. Und wie heißt du?“ „Das erzähl ich dir, wenn wir drin sind“, sagte Lisa. Sie war ziemlich ungeduldig, weil sie unbedingt die Burg von innen sehen wollte.

So lebte man in der Burg

In den Burgen war es die meiste Zeit feucht und kalt. Der Kamin war die einzige Wärmequelle. Damit es nicht durch die Fenster zog, hängte man Felle davor oder verschloss sie mit Ölpapier. Durch die kleinen Fenster drang tagsüber nur wenig Licht. Abends zündete man Fackeln und Öllampen an. Sie brachten nicht viel Helligkeit, dafür umso mehr Ruß und Rauch.

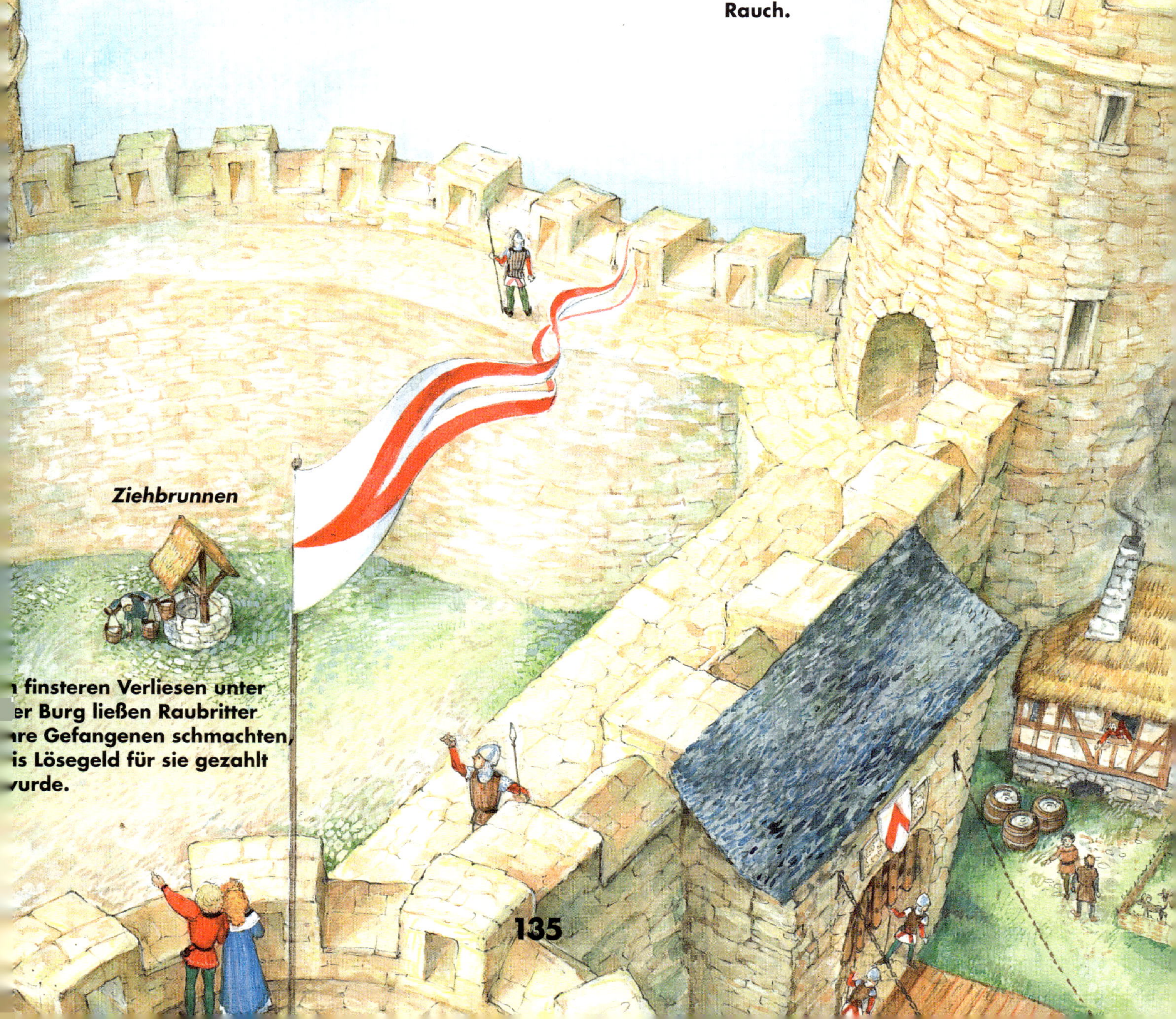

Hölzerne Vorbauten schützten die Verteidiger, wenn sie schossen.
Sehschlitze und Schießscharten boten Schutz bei der Verteidigung der Burg.
Burgen haben runde Türme, weil an ihnen die Geschosse besser abprallten.
Sturmleitern
Pechnasen waren kleine, nach unten offene Anbauten an den Schildmauern. Wenn sich ein Angreifer darunter wagte, bekam er heißes Öl oder Pech auf den Kopf geschüttet.
Die Angreifer gruben unterirdische Gänge bis unter die Fundamente der Burg. Diese wurden mit Holzbalken abgestützt. Wenn man dann das Holz in Brand setzte, stürzten die Burgmauern ein.
Die Matten aus Weidengeflecht schützten die Angreifer vor den Pfeilen der Verteidiger.

Wie eine Burg verteidigt wird

Die beiden Kinder standen auf einer Wehrmauer und schauten ins Land. „Diese Burg kann sicher niemand einnehmen“, meinte Lisa.
„Mit Waffen und Belagerungsmaschinen nicht“, sagte Richard, „aber letztes Jahr wäre die Burg beinahe durch Verrat in feindliche Hände geraten.“

In allen Burgen gingen die Wendeltreppen im Uhrzeigersinn hoch. Auf diese Weise war der Waffenarm eines aufwärts stürmenden Angreifers behindert.
Der Verteidiger konnte dagegen bequem von oben auf den Feind einschlagen.

Verteidigung

Burgen waren durch hohe Mauern und tiefe Wassergräben geschützt. Deshalb waren zum Schutz einer Burg oft nur zwei oder drei Ritter und die Dorfbevölkerung nötig, um sie zu verteidigen.

Große Burgen wurden oft monatelang ausgehungert oder durch Verrat eingenommen. Manchmal gelang es den Belagerern, jemanden in der Burg zu bestechen, ein Tor zu öffnen, oder ein Feind drang heimlich in die Burg ein und vergiftete den Brunnen.

Rammbock oder Widder

Ein starker Holzstamm mit einer Eisenspitze wurde in einem Holzgerüst, das man auf Rollen fortbewegte, aufgehängt. Damit versuchte man das Burgtor oder eine Mauer einzurammen. Das Gerüst war mit nassen Fellen bedeckt, um die Angreifer vor brennenden Pfeilen zu schützen.

Das Katapult funktionierte wie eine riesige Armbrust. Mit dieser Wurfmaschine wurden Steinbrocken, brennende Fackeln oder sogar Jauche und Aas über die Mauern der Festung geschossen.

Der Burgherr

Der Burgherr war der Herrscher der Burg und des Landes. Er sorgte für den Bau, die Instandhaltung und Verteidigung der Burg und verpachtete die Ländereien an die Bauern. Diese mussten ihm dafür Abgaben zahlen und für ihn arbeiten. Der Burgherr beschützte seine Gefolgsleute, schlichtete Streitigkeiten und sorgte für Ordnung. Wichtige Beschlüsse ließ er auf Pergamentrollen niederschreiben und mit seinem persönlichen Siegel versehen.

Die Burgherrin

Die Burgherrin überwachte die Vorräte und kümmerte sich um die Arbeit der Dienstboten. Ihre Söhne erzog sie, bis sie sieben Jahre alt wurden, dann kamen die Jungen zur weiteren Erziehung an einen anderen Ritterhof. Ihren Töchtern brachte sie Spinnen, Weben, Sticken und sogar Lesen bei. Sie zeigte ihnen, wie man tanzt, sich schön kleidet, frisiert und schmückt.

In der Burgküche

Lisa gefiel es in der Burgküche am besten. Dort roch es nach gebratenem Fleisch, gekochtem Gemüse, feinen Gewürzen und frisch gebackenem Brot. Die Herzogin brachte dem Koch selbst gepflückte Kräuter und gab die letzten Anweisungen für das Abendessen. Der Bäcker holte gerade frisches Gebäck aus dem Ofen. Er sah die hungrigen Blicke der Kinder und steckte ihnen ein Stück Honigkuchen zu. „Richard, du sollst sofort zu deinem Herrn kommen“, rief jemand. Der Junge hatte es plötzlich sehr eilig. „Wir sehen uns heute Abend beim Essen“, sagte er. Dann war er auch schon weg.

Das brauchte man alles für ein großes Fest:

252 Schafe
242 Lämmer und Kitze
69 Rinder
58 Schweine
357 Schweineschultern
12 Gänse
185 Hühner
8960 Eier
2995 Laib Käse
35 Schüsseln mit Fett
55 560 Laib Brot
2 Zentner Pfeffer
15 Zentner Reis
10 Zentner Mandeln
4 Zentner Rosinen
3000 Datteln
17 Zentner Feigen
Sackweise Gewürze: Safran, Ingwer, Muskat, Nelken und Zimt
20 000 Liter Wein

Das war die Einkaufsliste für die Hochzeit des Heinrich von Kärnten mit Adelheid von Braunschweig im Jahre 1315. Die Hochzeitsgesellschaft bestand aus 1000 Gästen.

Zur Hofgesellschaft zählten der Arzt, Architekten, Erzieher, Notare, Schreiber und die Priester. Ferner waren im Gefolge der Truchsess oder Burgvogt (verantwortlich für die Verwaltung des Hofes und der Küche), der Kämmerer (zuständig für Finanzen, Wohnung, Kleidung, Feste), der Marschall (Leitung der Bewaffneten) und der Schenk (zuständig für Getränke).

Lisas Vater war ein angesehener Kaufmann und Freund des Burgvogts Walter. Deshalb waren er und seine Familie zum Essen geladen. Sie mussten am unteren Ende der Tafel sitzen, weil sie nicht zur höfischen Gesellschaft gehörten.

Das Rittermahl

Das festliche Mahl hatte begonnen. Musikanten, Sänger und Gaukler unterhielten die Gäste. Herzog Heinrich und seine Frau saßen am oberen Tischende. Auch Lisa und ihre Familie waren eingeladen. Richard hatte die Aufgabe, die Gäste zu bedienen. Es gab so viel zu essen, dass Lisa gar nicht von allen Gerichten probieren konnte, so satt war sie.

Die Speisekarte

In Wein gekochte Krebse
Wachteln mit Weichselkirschen-Soße
Frische Bohnen in Milch
Kalbsnierenbraten im Teigmantel
Schwäne in Pfefferrahm
Feigenpfeffer
Gefüllter Hecht
Rehbraten im Teig
Morcheln in Mandelmilch
Gefüllte ausgebackene Äpfel

Pagenzeit: 7 – 12 Jahre

Mit etwa sieben Jahren kam der Sohn eines Burgherren zu einem anderen Ritter in die Lehre. Dort wurden ihm höfische Sitten beigebracht. Er musste seinen Herrn bei Tisch bedienen, ihm beim Ankleiden helfen, lernte Umgangsformen, Tanzen, Schach spielen und Musizieren.

Wappen, der Ausweis des Ritters

Im Kampfgetümmel sahen alle Ritter gleich aus. Niemand wusste, wer Freund oder Feind war. Deshalb gaben sich die Kämpfenden durch laute Schlachtrufe oder Abzeichen an ihren Rüstungen zu erkennen. Jede Familie hatte ihre eigenen Wahlsprüche und Wappen. Im Kampf kam es darauf an, auf Anhieb das Abzeichen eines anderen Ritters zu erkennen.
Fürsten und Könige nahmen Herolde mit in den Kampf. Diese kannten alle Wappen und sagten ihrem Herrn, mit wem sie es zu tun hatten.

Die Herolde legten Wappenbücher an, in denen alle bekannten Wappen aufgemalt waren.
Für die Wappen wurden Farben verwendet, die jeweils eine besondere Bedeutung hatten.
Die häufigsten Wappenfiguren waren Gestirne (Sonne, Mond, Sterne), Pflanzen (Lilie, Rose, Blätter, Blüten, Früchte), Türme, Werkzeuge (Anker, Axt), Tiere (Adler, Löwe, Leopard) und das Kreuz.

Knappenzeit: 12 – 18 Jahre

Ein Knappe war der ständige Begleiter eines Ritters. Vor Kämpfen und Turnieren half er seinem Herrn in die Rüstung, versorgte seine Pferde, putzte Rüstungen und Waffen und sorgte für sein leibliches Wohl. An großen Höfen gab es Zuchtmeister, die die Knappen täglich viele Stunden lang Kampfübungen mit Pfeil und Bogen, dem Schwert und der Lanze machen ließen.

Ritterleben

Schon beim ersten Morgengrauen musste Richard zu Ritter Leonhard kommen. Leonhard schlürfte warmen, gewürzten Wein und erzählte seinem Pagen von den Aufgaben und Pflichten eines Ritters. „Die wichtigsten Tugenden sind Weisheit, Gerechtigkeit, Mäßigung und Tapferkeit. Ein Ritter muss Witwen und Waisen beschützen und die Damen ehren. Außerdem soll er kein Fresser, kein Säufer, kein Lügner und kein Geizhals sein. Er soll weder gewalttätig sein noch einen schlechten Lebenswandel führen. Dann führt er ein gottgefälliges Leben, das ihm Ruhm und Ehre einbringen wird."

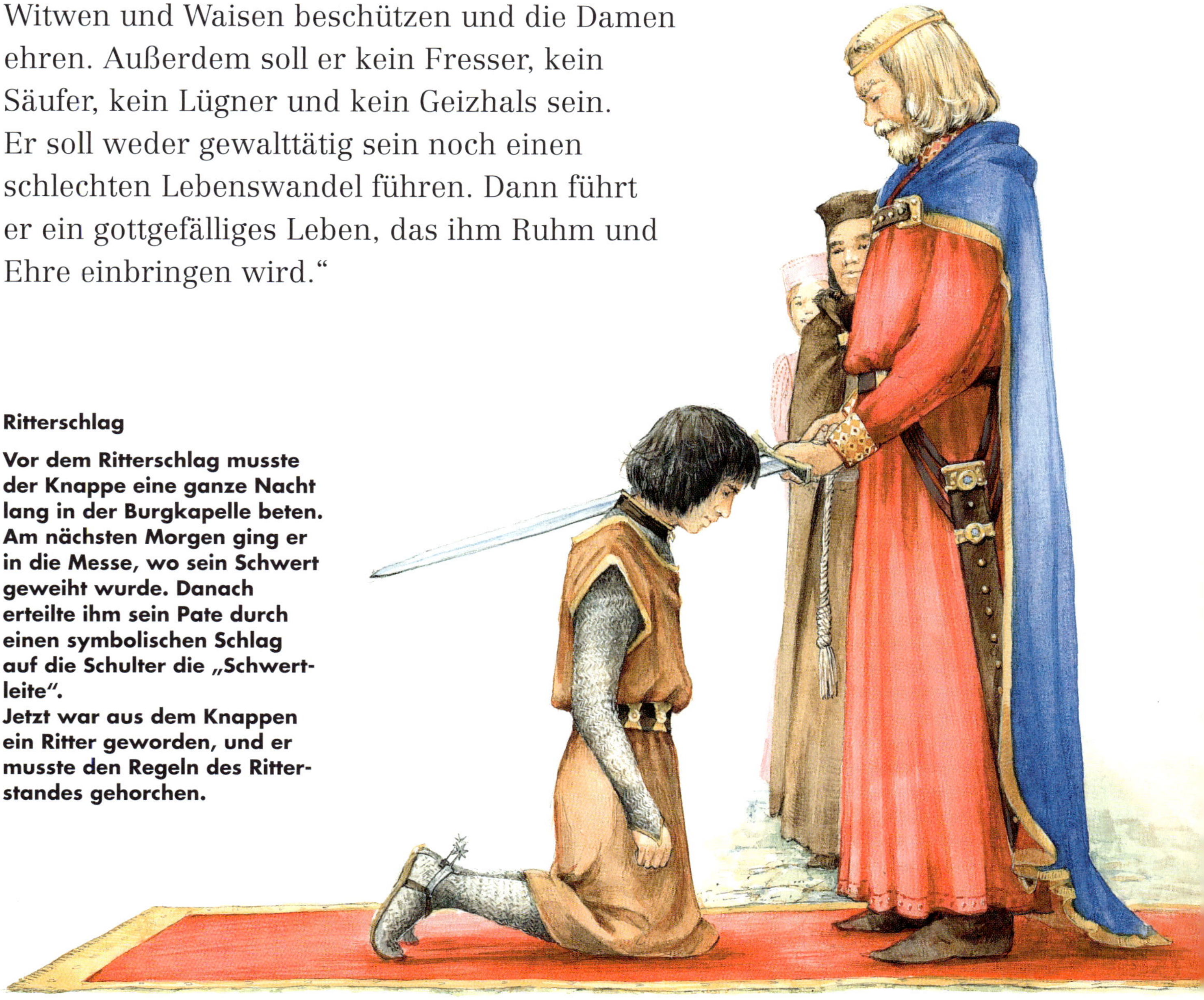

Ritterschlag

Vor dem Ritterschlag musste der Knappe eine ganze Nacht lang in der Burgkapelle beten. Am nächsten Morgen ging er in die Messe, wo sein Schwert geweiht wurde. Danach erteilte ihm sein Pate durch einen symbolischen Schlag auf die Schulter die „Schwertleite".
Jetzt war aus dem Knappen ein Ritter geworden, und er musste den Regeln des Ritterstandes gehorchen.

Helm
Schwebscheibe zum Schutz der Achselhöhle
Halskoller
Armzeug mit Federzapfen
Brust- und Rückenpanzer
Handschuhe, mit Leder gefüttert
Sporen
Brust- und Rückenpanzer
Beinröhre
Kniekachel
Diechling
Eisenschuh
200 Jahre später hätte Ritter Leonhard über 2 Stunden zum Anlegen seiner Rüstung gebraucht. Zu diesem Zeitpunkt bestand sie nämlich aus beinahe 150 Teilen.

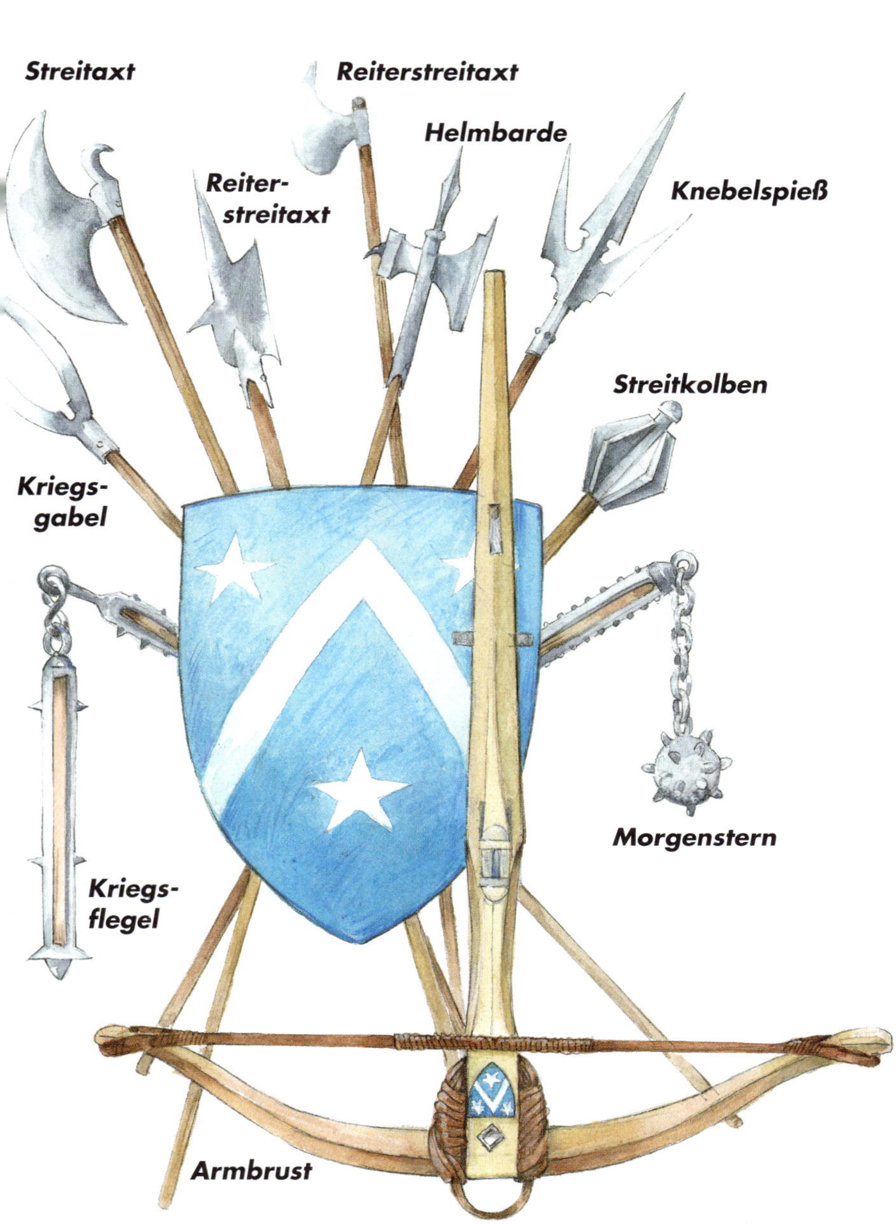

Ein Ritter zieht sich an

Heute war das große Turnier! Es dauerte fast eine Stunde, bis Ritter Leonhard angezogen war. Richard und der Knappe streiften ihm wollenes Unterzeug, Kettenhemd, Kapuze, Eisenhosen und Waffenrock über.

In einer Plattenrüstung konnte sich ein Ritter kaum noch bewegen und musste mithilfe eines Krans aufs Pferd gehoben werden.

Die Entwicklung der Ritterrüstungen

Die ersten Rüstungen bestanden aus dicken, hart gekochten Lederteilen. In der Antike wurden sie mit Eisenteilen verstärkt. Das waren die so genannten Ring- oder Schuppenpanzer.

Im Hochmittelalter trugen die Kämpfer eine Brünne. Das war ein knielanges Kettenhemd mit angearbeiteter Kapuze. Auf dem Kopf hatte man eine Art Eisentopf mit Nasenschutz.

Im 13. Jahrhundert entstanden die ersten Plattenharnische. Das waren Kettenhemden und -hosen mit aufgenähten Metallteilen. Der Topfhelm war bis auf einen kleinen Sehschlitz geschlossen.

Im 15. Jahrhundert trugen die Ritter den „klassischen“ Plattenharnisch. Er wog zwischen 35 und 50 kg. Die Helme gingen über Kinn und Nacken und saßen auf den Schultern auf. Ein bewegliches Visier verbesserte die Sicht.

Musikanten gab es auf jedem Fest. Sie spielten meist auf selbst gebauten Instrumenten: Harfe, Laute, Fiedel, Pauke, Flöte, Tröte und die tragbare Orgel.

Vor dem Turnier

Vor der Burg standen bunte Zelte, in denen sich die Ritter auf den Kampf vorbereiteten. Dazwischen verkauften Kaufleute und Bauchladenverkäufer ihre Waren, zogen Barbiere Zähne, spielten Musikanten und Gaukler, drehten sich Tänzerinnen im Kreise. Überall roch es verlockend nach frisch gebackenen Brezeln und heißen Würstchen. Endlich kamen auch Richard und Ritter Leonhard aus einem der Zelte. Lisa staunte, wie prächtig die beiden gekleidet waren.

Die erste Imbissbude wurde im 11. Jahrhundert in Regensburg eröffnet. Dort konnten die Arbeiter, die die Steinerne Brücke bauten, ihr Mittagessen holen. Es gab heiße Würstchen und Suppe.

Was stand bei einem Turnier auf dem Spiel?

Wer ein Turnier gewann, war ein reicher Mann. Der Besiegte musste seine Rüstung und sein Pferd abgeben. Oft wurden dazu hohe Lösegelder verlangt. So kam es vor, dass ein Verlierer für den Rest seiner Tage verschuldet war.

Buhurt

In diesem Gruppenkampf standen sich zwei Parteien in Pfeilwurfweite gegenüber und ritten mit ihren meist stumpfen Lanzen aufeinander los. Sie kämpften solange, bis eine Partei die andere besiegt hatte.

Turniere und ihre Regeln

Turniere waren Wettkämpfe nach festen Regeln. Es ging um den Sieg und nicht darum, den Gegner zu verletzen.

Tjost

Das war ein mit der Lanze geführter Zweikampf zu Pferde. Wurde ein Gegner abgeworfen und konnte noch kämpfen, so ging der Kampf mit dem Schwert weiter, bis einer aufgab.

Das Turnier

Endlich hatte das Turnier begonnen. Als Startzeichen für jede neue Runde ließ die Herzogin ihr Tuch fallen. Leonhard hatte bereits drei Gegner aus dem Sattel gehoben. Jetzt kämpfte er gegen den Schwarzen Ritter, der noch nie einen Kampf verloren hatte.
Lisa und Richard hielten den Atem an.
Doch der Schwarze Ritter fiel in den Sand.
Richard war stolz und Lisa sagte: „Eines Tages werde ich wieder hier stehen und dann wirst du der Ritter sein, der das Turnier gewonnen hat!“

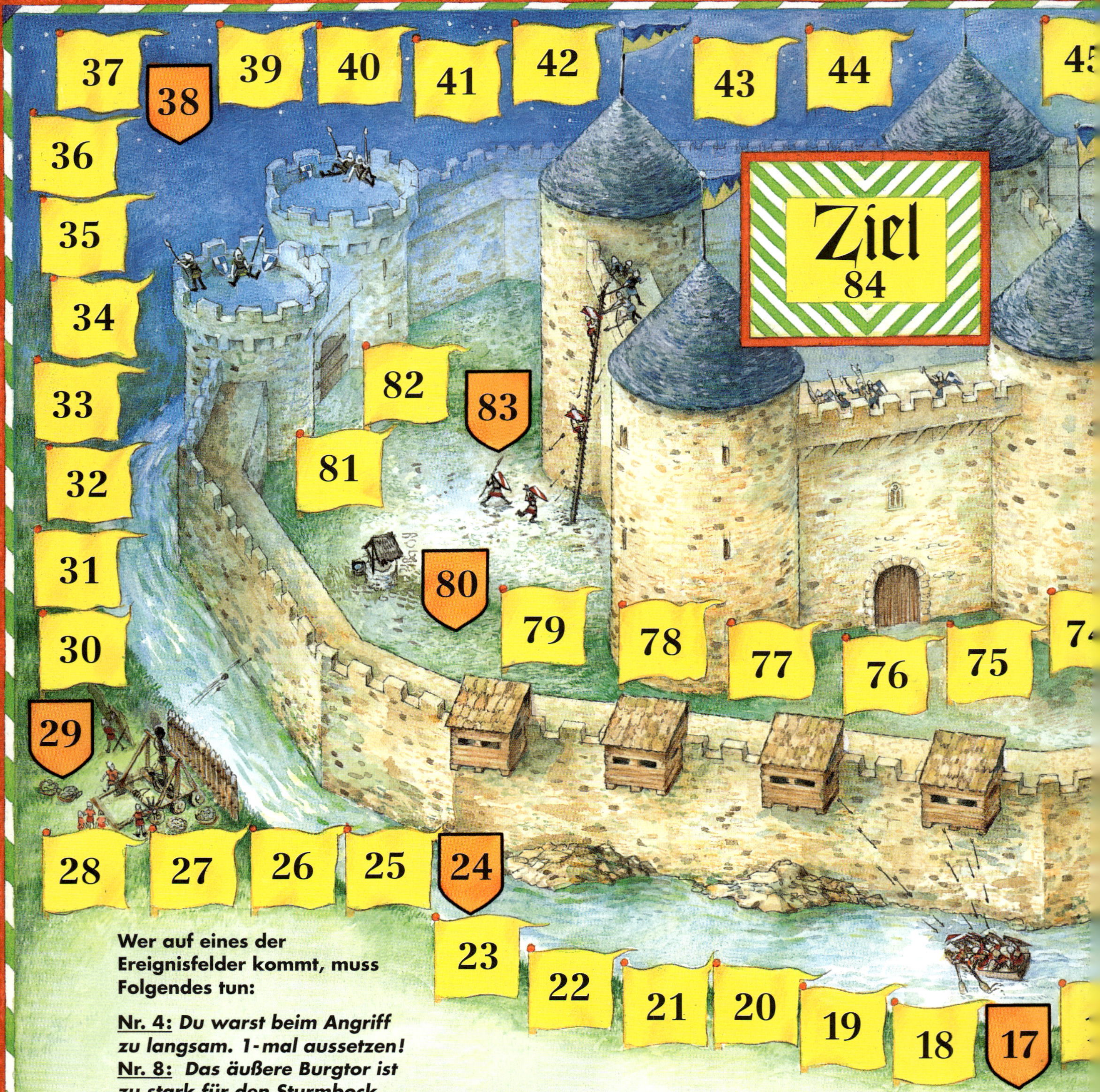

Wer auf eines der Ereignisfelder kommt, muss Folgendes tun:

***Nr. 4:* Du warst beim Angriff zu langsam. 1-mal aussetzen!**

***Nr. 8:* Das äußere Burgtor ist zu stark für den Sturmbock. 3 Felder zurück!**

***Nr. 11:* Du hast nicht aufgepasst! Ein Soldat hat dir von oben durch die Pechnase eine Ladung Wasser verpasst. Du musst dich umziehen! Zurück zum Start!**

***Nr. 17:* Beim Überqueren des Wassergrabens ist dein Boot von Steingeschossen getroffen worden. 3 Felder zurück und 1-mal aussetzen!**

***Nr. 24:* Du hast ausgekundschaftet, wie man in die Burg hineinkommt. Du darfst 3 Felder vorrücken.**

***Nr. 29:* Mit dem Katapult danebengeschossen! 3 Felder zurück!**

***Nr. 38:* Glück gehabt! Die Turmwächter schlafen. Dir gelingt es unbemerkt in die Vorburg zu kommen. Vorrücken bis auf Feld 69!**

***Nr. 48:* Du hast bei einem Angriff Mut bewiesen. Deshalb darfst du beim Stürmen dabei sein. Vorrücken bis auf Feld 64.**

***Nr. 55:* Die Untertunnelung ist geglückt! Vorrücken bis auf Feld 69.**

***Nr. 60:* Leider bist du beim Grabenauffüllen von einem Pfeil leicht verletzt worden. Zurück auf Feld 44.**

Wer erobert die Burg? –

Ein Belagerungsspiel

Spielanleitung:

Spiel für 2 bis 4 Mitspieler. Ihr braucht einen Würfel und für jeden Mitspieler eine Spielfigur. Ihr seid Ritter und belagert die Burg. Ziel ist es, durch Würfeln als Erster die Hauptburg zu erreichen und damit der neue Burgherr zu werden. Gewonnen hat, wer mit der genauen Augenzahl das Zielfeld erreicht. Doch Vorsicht! Überall lauern Gefahren!

***Nr. 65:** Nur ein Sprung ins Wasser hat dich gerettet! 1-mal aussetzen.*

***Nr. 73:** Du bist im Zweikampf von einem Ritter geschlagen worden. Er nimmt dich gefangen und fordert Lösegeld. Leider scheidest du aus!*

***Nr. 80:** Dir ist es gelungen, den Brunnen zu vergiften. Du darfst noch mal würfeln!*

***Nr. 83:** Du bist kurz vor dem Ziel! Wenn du eine 1 oder 4 würfelst, hast du gewonnen!*

Honigkuchen aus der Burgküche

Diesen Kuchen haben Richard und Lisa vom Hofbäcker in der Burgküche bekommen.

Anleitung:
Alle Zutaten werden miteinander vermischt und zu einem Teig verarbeitet.
Den Teig 2 Stunden an einen kühlen Ort stellen.
Danach wird der Teig etwa fingerdick auf einem eingefetteten Backblech ausgerollt und bei 200° C etwa eine halbe Stunde gebacken.
Den Kuchen aus dem Backofen nehmen, mit Zuckerguss bestreichen und dann in rautenförmige Stücke schneiden.

Lies mal weiter!

Wusstest du, dass …

… ein kampfbereiter Ritter reich sein musste? Er brauchte mindestens drei Pferde: ein Last-, ein Marsch- und ein Streitross. Jedes einzelne Pferd war so viel wert wie 45 Kühe! Das Kettenpanzerhemd kostete 20 bis 100 Ochsen. Dazu kamen noch Schild, Schwert und Speere.

… ein Kreuzritter ins Heilige Land (heute Israel) zog, um Jerusalem zu erobern? Als Zeichen dafür, dass er im Auftrag der Kirche kämpfte, trug er ein Kreuz auf seinem Waffenrock.

… dass die Kinder in einer Burg viele Spiele spielten, die wir heute noch kennen? Dazu gehörten Blindekuh, Himmel und Hölle, Bockspringen oder Stelzenlaufen.

… dass Zugbrücken ziemlich viel Platz brauchen?
Sie bestanden meist aus Bretterböden, die über dem Burggraben lagen und von innen mit zwei großen Ketten über eine Achse aus Holz hochgezogen werden konnten.
Dahinter wurde ein schweres Holz- oder Eisengitter heruntergelassen, das Fallgatter.
So war der Eingang der Burg gleich zweifach gesichert.

Quiz: Weißt du's noch?

1. Wie viel wiegt der „Plattenharnisch", die klassische Ritterrüstung aus dem 15. Jahrhundert?

a) 20 kg

b) 13 kg

c) 35 kg

2. Warum gehen Wendeltreppen in einer Burg immer im Uhrzeigersinn hinauf?

a) Weil sie so besser von oben verteidigt werden konnten.

b) Weil es einem nicht so schwindlig wird, wenn man im Uhrzeigersinn die Treppen hochgeht.

c) Weil man so eine bessere Aussicht auf das Land hatte und Feinde schneller heranahen sah.

3. Wie alt war ein Knappe, bevor er den Ritterschlag erhielt?

a) 14 Jahre

b) 18 Jahre

c) 16 Jahre

4. Wo gab es die erste Imbissbude?

a) in Regensburg

b) in Salzburg

c) in Prag

Auflösung:
1c / 2a / 3b / 4a / 5b

5. Was ist ein Katapult?

a) ein Sprungbrett

b) ein Wurfgeschoss

c) ein Schreibtisch für den Burgherrn

Redewendungen aus der Ritterzeit

Viele Begriffe, die wir heute noch kennen, stammen von den ritterlichen Turnieren. So ein Turnier war auch ein Volksfest und bald schon übernahmen auch die einfachen Menschen Begriffe aus der Turniersprache:

Ins Schwarze treffen
(wenn einer mit der Lanze ins Ziel traf)

Jemanden in Harnisch bringen
(wenn man ihn wütend macht und zum Kampf herausfordert)

Für jemanden eine Lanze brechen
(man kämpft für jemanden)

Jemanden in die Schranken weisen
(in die Schranken auf dem Turnierplatz)

Jemanden aus dem Sattel heben
(kampfunfähig machen)

Jemandem unter die Arme greifen
(wenn er beim Kampf vom Pferd gefallen ist und selbst nicht mehr aufstehen kann)

Jemanden im Stich lassen
(den Verlierer sitzen lassen)

Sich aus dem Staub machen
(dem Staub des Turnierplatzes)

Den Spieß umdrehen
(den Gegenangriff starten)

Worterklärungen

Armbrust:
Eine Handwaffe, die aus einem Schaft und einem Bogen besteht. Der Bogen wird mit Hebelkraft gespannt. Mit der Armbrust wurden Bolzen abgeschossen.

Bergfried:
Der Hauptturm der Burg.

Brustwehr:
Schmale Mauer auf dem Wehrgang. Auf der Brustwehr sind die Zinnen aufgemauert.

Buhurt:
Gruppenkampf im Turnier.

Fallgatter:
Holzgitter zwischen den Türmen des Torhauses. Es konnte hochgezogen und heruntergelassen werden.

Katapult:
Wurfmaschine, mit der Steine, brennende Fackeln und manchmal sogar Bienenschwärme über die Mauern einer Festung geschleudert wurden.

Knappe:
Junger Mann, der zum Ritter ausgebildet wird.

Page:
Junge in der ersten Zeit seiner Ausbildung zum Ritter.

Pechnase:
Ein kleiner, unten offener Ausbau an den oberen Stockwerken mittelalterlicher Befestigungen. Von dort goss man siedendes Pech oder andere heiße Flüssigkeiten auf die Angreifer hinab.

Ritter:
Früher waren Ritter schwer bewaffnete Reiter im Dienste des Königs oder eines hohen Adligen. Später war es ein eigener Stand innerhalb des Adels. Durch den Ritterschlag oder die Schwertleite wurde man in den Ritterstand erhoben. Wer sich unehrenhaft verhielt, verlor seine Ritterwürde.

Sturmleitern:
Leitern, die beim Bestürmen einer Festung an die Festungsmauern gelehnt wurden.

Schwertleite:
Die feierliche Ernennung eines Knappen zum Ritter.

Wehrgang:
Umgang auf der Mauerkrone einer Festung. Der Wehrgang wurde durch eine Brüstung und durch Zinnen geschützt.

Zinne:
Pfeilerartiger Aufbau auf der Brüstung einer Wehrmauer. Dazwischen ließ man Zwischenräume zum Schießen frei.

Zugbrücke:
Brücke vor mittelalterlichen Burgen. Sie führte meist über breite Gräben und konnte im Falle eines Angriffs hochgezogen werden.

Register